clv

Wolfgang Bühne, Hrsg.

Zum Dasein verflucht?

Zeugnisse der Hoffnung

clv

Christliche
Literatur-Verbreitung
Postfach · 33661 Bielefeld

1. Auflage 1990
2. Auflage 1991
3. Auflage 1991
4. Auflage 1993
© 1990 by CLV · Christliche Literatur-Verbreitung
Postfach 110135 · 4800 Bielefeld 11
Umschlag: Dieter Otten, Bergneustadt
Gesamtherstellung: Druckhaus Gummersbach

ISBN 3-89397-137-8

Inhalt

Dieter Röhrig

Drogen — verraten und verkauft

Wenn man in einer Familie aufwächst, in welcher der Vater Polizeibeamter ist, dann setzt man voraus, daß dort alles in Ordnung ist. Schließlich spiegelt ein Polizist als Staatsdiener mit seiner Familie ein bißchen wieder, was der Staat ist oder sein sollte: Ordnung, Sicherheit und Disziplin.

Doch bei uns war das ganz anders.

Mein Vater wuchs als Kind in einer sozial schwachen Familie auf, hatte sich aber gut weiterbilden können, so daß er nach einer Maschinenschlosserlehre ein Semester Maschinenbau studieren konnte. Doch dann machte der Krieg einen Strich durch sein Studium.

Nach dem Krieg schien es für meinen Vater nur einen einzigen sicheren Job zu geben, der ihn allerdings nie ganz zufriedenstellte: Polizeibeamter.

Meine Mutter kam aus einer wohlhabenden, christlichen Familie. Ihre Eltern hatten ziemlich ehrgeizige Pläne mit ihrer Tochter und so waren sie nicht gerade begeistert, als sie einen Polizisten heiratete, der von der Bildung her nicht den erwarteten Schliff mitbrachte und zudem noch katholisch war. So war es nicht verwunderlich, daß es in dieser Ehe zu großen Spannungen kam, an denen meine Großeltern nicht ganz unbeteiligt waren.

Bald begann mein Vater zu trinken, weil er kein Mensch war, der mit Problemen umgehen konnte.

So wuchs ich mit meinen Geschwistern in einem Elternhaus auf, in dem es keine Harmonie gab. Meine verletzte und verbitterte Mutter hatte für ihren Mann nur Verachtung übrig und mein Vater, von seiner Prägung her ein Einzelgänger, zog sich als der Unterlegene immer mehr zurück, war ständig betrunken und setzte sich auch mit uns Kindern nur dann auseinander, wenn er angetrunken war. Diese deprimierende Atmosphäre meines Elternhauses hatte sich mir tief eingeprägt, so daß jeder Gedanke an eine eigene Familie in mir nur auf Abscheu stieß.

Es kam vor, daß ich als zehnjähriger Junge des Nachts um 24 Uhr aus dem Schlaf gerissen wurde, um meinem Vater eine Einkaufstasche voll Bierflaschen in der nächsten Kneipe zu besorgen, damit er weitertrinken konnte.

Meine Mutter, die es aufgegeben hatte, für ihre Ehe noch etwas zu erwarten, setzte nun alles daran, wenigstens aus ihren Kindern etwas zu machen. So wurde ich auf ein anthroposophisches Gymnasium geschickt, eine Rudolf-Steiner-Schule. Diese Schule arbeitete sehr bewußtseinsfördernd, etwa nach dem Motto: Setzt euch mit dieser Welt auseinander und entdeckt, daß es keine lebenswerten Inhalte gibt. Wenn ihr das erkannt habt, dann nehmt unsere Wertvorstellungen an und werdet Anthroposophen, Esoteriker.

Diejenigen aber, welche die Philosophie der Anthroposophen nicht verstehen oder nachvollziehen konnten, gingen leer aus. Sie hatten sich dann zwar kritisch mit der Welt auseinandergesetzt, aber für sich keine sinnvolle Perspektive erkannt. Sicher lag hier eine der Ursachen, warum einige meiner Klassenkameraden Selbstmord begingen und andere drogensüchtig wurden. Damals war ich in der 10. Klasse und meine Leistungen waren miserabel. In Latein hatte ich eine 6 und die meisten anderen Fächer interessierten mich ebensowenig. Mir kam alles entsetzlich langweilig und sinnlos vor.

Quälende Gedanken fraßen sich in mir fest — wozu lebe

ich? Warum läuft Zuhause alles so schlecht und warum ändert sich nichts?

Warum ist das Leben so stressig, so verrückt, so kaputt?

So brach ich die Schule ab, ging auf die Suche und lernte junge Leute kennen, die Anfang der 70er Jahre bunt gekleidet mit einem starken Gemeinschaftsgefühl irgendwo in der Stadt saßen, Musik machten und Drogen nahmen.

Ich bekam freundschaftlichen Kontakt mit einem jungen Mann, der mich zum ersten Mal mit Drogen bekannt machte. Wir besorgten uns LSD und er erklärte mir, wie man sich bei einem LSD-Trip verhalten muß, wie man den Überblick behält und einen Horrortrip vermeidet.

Als ich den ersten Trip genommen hatte, saß ich im Wohnzimmer meiner Eltern auf dem Fußboden und betrachtete mit einer Lupe das Muster des Perserteppichs. Plötzlich schienen meine Füße ganz weit weg zu sein, ich drehte mich im Kreis und mir wurde schwindelig. Ich spürte, daß die Wirkung vom LSD begann und ging auf mein Zimmer. Plötzlich sah ich, wie sich die Zimmertüre etappenweise in tausend Stufen öffnete und ein Windhauch hellrote Fäden an die Seite wehte. Es schien mir, als hätte ich durch eine Türe eine geheimnisvolle, mir bisher unbekannte Welt betreten. Der Boden glühte und wellte sich wie Lava. Auf der Tapete war ein dreidimensionales Muster zu sehen. Ich setzte mich vorsichtig auf mein Bett.

Als ich dann noch eine LP von Jimmy Hendrix auflegte, ging »die Post ab«. Ich fühlte mich, als befände ich mich in dem Lautsprecher und als sei das Zimmer der Lautsprecher. Ein wahnsinniger Sound tönte mir entgegen. Wenn ich die Augen schloß, drehten sich Farbkarussells vor mir und wenn ich das Licht ausschaltete, sah ich alle Gegenstände im Raum rotglühend. Ich fand das unwahrscheinlich faszinierend und entdeckte so endlich eine

Möglichkeit, mich der nüchternen Realität zu entziehen und in eine neue Dimension einzutauchen.

Erst Stunden später kehrte ich wieder in die trostlose Alltagswirklichkeit zurück, die mir jetzt noch unerträglicher schien, weil ich etwas anderes kennengelernt hatte. Um so mehr hatte ich das Bedürfnis, so bald wie möglich wieder einen Trip zu nehmen.

Mit der Zeit arbeitete ich mich so richtig in den Kreis von Drogenabhängigen ein. Ich wurde aufgenommen und akzeptiert. Wir nahmen viele LSD-Trips gemeinsam und entwickelten einen regelrechten Kult, denn es gehörte eine entsprechende Musik und Atmosphäre dazu, um die richtige Wirkung zu erzielen. Doch je öfter ich LSD nahm — und das war etwa zwei- bis dreihundertmal — umso mehr ließ die Faszination nach.

In den Zeiten, wo ich kein LSD nahm, fragte ich mich: Welchen Sinn hat das Leben? Die Gesellschaft um mich herum verachtete ich und mir selbst klopfte ich auf die Schulter, daß ich als Subkultureller etwas anderes darstellte. Nein, ein Leben, das darin besteht, zu arbeiten, am Feierabend fernzusehen bis einem der Kopf flimmert, zu schlafen und am nächsten Morgen wieder diesen irrsinnigen Kreislauf anzutreten, das war nichts für mich. Schließlich mit 60 in die Rente zu gehen, einen Schrebergarten von Unkraut freizuhalten und die Endrunde des Lebens im Altersheim zuzubringen? Nein danke!

Und doch, wenn ich ehrlich war, mußte ich zugeben, daß ich mich auch in einem sinnlosen Kreislauf befand: Ich nahm meine Drogen, ging damit auf die Reise, bis ich wieder auf dem Boden der Realität landete und mich mit dieser Wirklichkeit wieder auseinandersetzen mußte. Es schien mir alles unendlich sinnlos zu sein.

Dann begann ich die Antworten auf meine Fragen in der Literatur zu suchen. Ich las den »Steppenwolf« von Hermann Hesse und fand meine Gedanken dort wieder. Carlos Castaneda beeindruckte mich und schließlich las ich William Burroughs, der mich unwahrscheinlich faszinierte. Er, der als Genie im Hintergrund der linken Bewegung galt, beschrieb sein Leben als Fixer und Aussteiger in New York — er hatte für sich die Alternative gefunden, als Morphiumsüchtiger zu leben. Durch ihn angeregt beschloß ich, mit meinem Freund Morphium auszuprobieren, um unseren eingeschlagenen Weg konsequent weiterzugehen.

Wir saßen im Auto und parkten vor einer Disco in Wuppertal, als ein Dealer mit frischer Ware von einem Apothekeneinbruch vorbeikam. Er hatte Morphium in seiner Tasche und fragte uns, ob wir ein Päckchen haben wollten. Nun, darauf hatten wir ja gerade gewartet. Obwohl wir ein etwas flaues Gefühl hatten, nahmen wir das Angebot an, kochten den Stoff auf und gaben uns gegenseitig eine Injektion.

Die Wirkung übertraf alle Erwartungen. Wir empfanden ein unwahrscheinlich sättigendes Wohlgefühl. Ich war mehr als zufrieden, mir fehlte nichts mehr. Ich erinnere mich noch, wie wir in dieser warmen Sommernacht durch Wuppertal liefen und uns gegenseitig einredeten: Diese Droge wird uns nicht beherrschen, wir bleiben ganz cool in dieser Sache. Wir geben uns ab und zu mal einen Schuß und warten ab, was das Leben bringt.

Doch als am nächsten Morgen die Wirkung vorbei war, hatten wir nur noch einen Wunsch: dieses Erlebnis muß wiederholt werden!

So fuhren wir dann nach Düsseldorf und später nach Arnheim/Holland, um dort Drogen zu kaufen. Doch aus der Beklommenheit, die ich im nüchternen Zustand empfand, wurde bald eine Depression, die sich wie ein Blutegel an meinem Leben festsog. Bald wußte ich, daß ich schleichend und tückisch in die Abhängigkeit geraten war und es kein Zurück mehr gab!

Da ich immer ein Mensch war, der das, was er machte, radikal durchzog, dauerte es nicht lange, bis ich pro Tag 1 Gramm Heroin brauchte und das bedeutete, jeden Tag 150,— bis 250,— DM zu besorgen, um damit meinen Drogenkonsum finanzieren zu können. Damit geriet ich automatisch auf die nächste Stufe meiner Karriere: Beschaffungskriminalität — Einbruch, Raub, Dealerei und Hehlerei.

Wenn jemand z.B. einen Verstärker brauchte, ließ ich ihn mir in einem Geschäft zeigen, nahm ihn und verstaute ihn unter meinem Ledermantel, um ihn anschließend zum halben Preis zu verkaufen. Mit Lederjacken ging es ebenso. Ich ging ins Fachgeschäft und während der Verkäufer neben mir ein intensives Verkaufsgespräch führte, packte ich die gewünschte Lederjacke in meine Plastiktüte und verschwand damit. Unter Heroineinfluß kennt man keine Skrupel.

Einmal — es war ein »Heilig Abend« — hatten wir in Velbert einen großen Deal gemacht. Dort gab es eine außergewöhnlich feine Qualität Heroin und das kann eine sehr tückische Sache sein. Normalerweise nahm ich ein halbes Gramm Heroin, kochte es auf und gab mir einen Schuß. Aber in diesem Fall hatte die gute Qualität die doppelte Wirkung, etwa wie ein Gramm. Als mein Freund

mich nach der Wirkung fragte, lag ich bereits besinnungs-
los auf dem Boden. Meine Freunde prügelten mich danach
aufgeregt durch die Stadt, damit ich nicht einschlief und
eine Atemlähmung bekommen konnte. Schließlich setz-
ten sie mich in einen Bus, um mich irgendwie nach Hause
zu bekommen.

Aber ich war zu und wachte am ersten Weihnachtstag
im Krankenhaus unter einem Sauerstoffzelt auf, ange-
schlossen an -zig Schläuchen. Mir war klar: Es wird nicht
lange dauern, dann kommt die Polizei um mich auszufra-
gen. So beobachtete ich den Flur, ob die Luft rein war,
entfernte die Schläuche und haute ab zu meinem Freund
nach Ronsdorf, um dort wieder einen Schuß zu nehmen.

Wenn es dann mal eine Zeit kein Heroin gab, war ich
übel dran und versuchte mit Barbituraten oder Alkohol
den Entzug zu erleichtern.

Viermal wurde ich im Delirium, also im lebensgefährli-
chen Zustand, ins Krankenhaus eingeliefert. Dort auf den
Intensivstationen kamen natürlich Gedanken an den Tod
auf. Beim ersten Mal dachte ich, daß es wohl nicht so
schlimm sei, wenn ich sterben würde und stellte mir vor,
wer alles bei meiner Beerdigung anwesend sein könnte.
Aber nach ein paar Stunden Selbstmitleid war auch das
vergessen. Beim zweiten Mal fragte ich mich, was wohl
nach dem Tod kommen würde und schließlich bäumte sich
in mir alles gegen den Gedanken an den Tod auf und ich
bekam Angst und Panik vor dem Sterben.

Auf der Intensiv-Station in Langenfeld knackte ich nach
drei Tagen des Nachts das Fensterschloß. Dann nahm ich
ein Handtuch, öffnete das Fenster, schwang mich hinaus,
erwischte glücklicherweise den Blitzableiter und rutschte
daran aus dem dritten Stock hinunter. Es war nur eine
dünne Stange und wenn ich heute daran denke, wird mir

übel. Aber das brachte die Sucht mit sich. Das Risiko schien mir nicht groß zu sein, denn es gab nicht mehr viel zu verlieren.

Siebenmal befand ich mich in akuter Lebensgefahr. Im letzten Moment fanden mich jedesmal Leute, die sofort das Krankenhaus oder die Polizei anriefen. Der Gedanke an den Tod brachte mich oft in Panik, weil ich nicht wußte, was danach kommt. So lebte ich schließlich nur noch in Zwängen, Heroin nehmen zu müssen, weil ich ohne Drogen nicht leben konnte und andererseits in der Panik, sterben zu müssen, weil ich Heroin nahm.

Im Knast

Schließlich befand ich mich sieben Monate in U-Haft in Wuppertal. Es war eine schreckliche Zeit und ich wußte, daß der Staatsanwalt fleißig gegen mich ermittelte. Ich dachte an den Apothekeneinbruch, als wir uns Morphium für meine Freundin besorgten, die damals in einer Frauenklinik lag, um eine Schwangerschaft abbrechen zu lassen. Das brachte schon 3 1/2 Jahre, denn einer hatte gegen mich ausgesagt. Dann war da der Raubüberfall in Düsseldorf, für den ich 5 Jahre bekommen konnte.

Doch der Staatsanwalt konnte mir nur den Besitz von 1/2 Gramm Heroin nachweisen und eine Urkundenfälschung, die ich zugab, obwohl meine Freundin sie getätigt hatte. Deswegen lautete das Urteil nur: 1 1/2 Jahre.

Da saß ich nun in Siegburg und hatte genügend Zeit, um über mein Leben nachzudenken. Ich spielte in meiner Phantasie mein Leben durch als normaler Spießbürger, der nicht viel nachdenkt und sich nicht traut, links oder rechts über die Erziehungsmauern in eine Welt zu steigen, die nur kaputt macht. Wenn ich doch bloß ganz normal arbeiten könnte, nichts von Heroin und den quälenden Depressionen wüßte!

Hier im Knast befand ich mich wieder in einem neuen Milieu, in dem sich ebenfalls Subkulturen bilden. Da gab es die Schläger, die Sexualtäter, die Mörder, die Fixer, und jede Gruppe hatte ihren eigenen Lebensstil. Ich gehörte sofort zu den Fixern, denn kaum hatte ich meinen ersten Rundgang gemacht, traf ich alte Kumpel aus der Szene wieder. Wir tauschten Erfahrungen aus, schwelgten in Erinnerungen, wie gut es in Amsterdam war, in Paradiso, welche Qualität der Stoff dort hatte und dergleichen mehr. Wir fachsimpelten darüber, wie man eine Apotheke noch besser knacken kann und allein vom Nachdenken über unsere Erfahrungen mit Drogen bekam ich Entzugserscheinungen. Nachts hatte ich unmögliche Träume über Opium und Heroin und wachte dann völlig kaputt und frustriert in meiner Zelle auf.

Während dieser Haft starb meine Mutter, die trotz aller Enttäuschungen eine gute Beziehung zu mir hatte. Sie litt, weil sie sah, wie elend ich zugrunde ging und sie starb vor Kummer über mein Leben. Zweimal hatte sie mich im Gefängnis besucht. Aber jetzt lebte sie nicht mehr und ich war nun völlig beziehungslos, weil mein Vater und meine Geschwister jeden Kontakt mit mir abgebrochen hatten.

Als ich entlassen wurde, hatte ich keine Lebensperspektive und die einzigen Leute, zu denen ich noch eine Verbindung hatte, waren die Fixer und Dealer, die sich über jeden freuen, der zur Szene zurückkehrt. »Klasse, daß du wieder da bist. Hier — das erste Päckchen kriegst du gratis!« So dauerte es nur zwei Tage, bis ich wieder an der Nadel hing.

Etwas später hatte ich es dann geschafft — vielleicht als einziger in NRW — jeden Tag 10 ml Polamidon zu bekommen. Ich war stolz darauf, denn nun gehörte ich zu den Fixern, die ganz oben zur Elite der Szene zählten. Jeden Tag konnte ich zum Arzt gehen und mein Betäubungsmittelrezept abholen, daß ich mit der Verpflichtung bekommen hatte, mir einen Therapieplatz zu besorgen. Polamidon ist ein ähnliches Mittel wie Morphium, aber wesentlich giftiger. Nachdem mir der Arzt das Rezept ausgehändigt hatte, rannte ich damit zur nächsten Apotheke, um mir dann auf der nächsten Toilette oder notfalls in einer Parkplatzecke den Inhalt der Ampulle in die Vene zu schießen. Inzwischen war es mir egal, ob mich die Leute in diesem Zustand beobachteten.

Körperlich war ich nun völlig ruiniert. Drei Monate hatte ich die Fixer-Gelbsucht. Dann kam es so weit, daß ich jedesmal erbrechen mußte, wenn ich mir einen Schuß gab. Ich konnte keine Nahrung mehr aufnehmen. Schließlich platzten die Äderchen in meinen Augen, so daß statt Tränen Blut aus meinen Augen lief.

Ich war am Ende.

Einsam und alleine wußte ich, daß keiner mehr mit mir zu tun haben wollte. Ein abgefahrener Fixer war ich, ein kaputter Typ, nicht einmal mehr fähig, aufrecht zu gehen und mit dem Wissen, daß mein Leben abgelaufen, umsonst und sinnlos war.

Früher weinte ich nie, aber diese Feststellung auf dem Tiefpunkt meines Lebens traf mich so sehr, daß ich mich in einem Treppenhaus hinsetzte und die blutigen Tränen meiner Ausweglosigkeit nicht mehr verdrängen konnte.

Ziellos zog ich dann umher und mußte um einen Schlafplatz betteln, weil ich keine Wohnung mehr hatte. Das einzige, was ich noch besaß, war meine Sucht, die mich nicht aus ihren Klauen ließ.

Wieder einmal lag ich ohne Besinnung auf der Intensivstation eines Landeskrankenhauses. Als ich aufwachte und mir die Arme schmerzten, wußte ich: Mal wieder die Klappsmühle. Mach dich auf einen Entzug gefaßt!

Den Entzug konnte ich dieses Mal im Gefängnis antreten. Alle Medikamente, die ich bekam, um den Entzug zu erleichtern, linderten aber nicht die grausamen Schmerzen meines Turkey. Ich mußte hindurch.

Als dann die richterliche Vorladung kam, sagte ich zu dem Richter: »Lassen Sie mich hier im Knast. Ich habe keine Lust mehr!« Ich wußte, daß ich draußen unter ähnlichem Druck leben würde wie hier im Knast.

Hoffnung

Aber dann kam der Tag, der einen Funken Hoffnung in mein Leben brachte. Im Gefängnis existierte eine Kontaktgruppe der Gefährdetenhilfe Hückeswagen, und jeden Donnerstag wurden die Gefangenen zu ihren Stunden eingeladen. Ich folgte der Einladung, um einige Leute von der Szene zu treffen und um einfach etwas anderes zu sehen als meine vier Wände. Und dann kamen diese Christen und wollten mir weismachen: »Jesus kann dein Leben verändern!« Ich lächelte über diese unerfahrenen Spinner und hatte auch schnell ein Schubfach für sie: Das sind Menschen, die eine Illusion brauchen, um leben zu können. Sie glauben an Gott und weil sie stark an Gott glauben, haben sie einen Lebensinhalt und mit dieser Utopie leben sie und alles ist klar.

Nein, dann wollte ich lieber als Realist verrecken, als mit einer solchen Illusion zu leben! Mit dieser Einstellung stieg ich in die Gespräche ein und ging von Tisch zu Tisch, um den Christen zu verklickern, daß sie Spinner seien. Vielleicht glückliche Spinner, zufriedene Spinner, aber eben Spinner!

Ich hörte von diesen Christen auch kein überzeugendes Gegenargument, das mich aus der Bahn geworfen hätte, bis ich auf einen Betriebswirt traf, der sich in der Bibel gut auskannte und auch nicht auf den Mund gefallen war. Zunächst hatte ich auf jedes Argument von ihm ein Gegenargument und er hatte auf jeden Spruch von mir einen passenden Bibelvers. Das ergab jedesmal eine ziemlich lebhafte Diskussion, die aber ohne mein Wollen dazu führte, daß ich die Bibel immer besser kennenlernte.

Nachdem wir uns etwa ein halbes Jahr getroffen hatten, mußte ich anerkennen, daß die Aussagen der Bibel recht akzeptabel sind und es blieb mir nur noch ein Trumpf, den ich ausspielen konnte: Ich habe noch keinen Christen getroffen, der das auslebt, was die Bibel lehrt. Und deshalb kann man die ganze Geschichte vergessen!

Mein Gesprächspartner gab mir zunächst recht und sagte dann, daß es aber eine Kraftquelle gäbe, um das ausleben zu können, was die Bibel lehrt und diese Kraftquelle sei Gott.

Er fragte mich: »Hast du schon einmal gebetet?«

»Nein.«

»Warum nicht?«

»Weil ich nicht an Gott glaube!«

»Aber wenn du betest: Gott, wenn es dich gibt, dann komm in mein Leben, vergib mir meine Schuld, — dann wird Gott dir antworten. Er wird dir einen neuen Verstand und ein neues Herz geben. Versuch es doch einmal. Bete heute abend noch und geh dann zu deinen Mitgefangenen und sage ihnen, daß du Christ geworden bist.«

»Ein toller Vorschlag!« spottete ich, »dann bete ich und dein Gott funktioniert nicht und ich hab allen erzählt, daß ich Christ bin. Dann ist mein Image endgültig kaputt und ich hab' es im Knast noch schwerer. Nein, das kommt nicht in Frage. Vielleicht, wenn ich aus dem Knast entlassen werde.«

Meine Entlassung stand inzwischen kurz bevor. Friedel Pfeiffer, der Leiter der Gefährdetenhilfe, machte mir das Angebot, nach der Entlassung zu ihm zu kommen. »Weißt du überhaupt, auf wen du dich einläßt, wenn ich komme?«, gab ich ihm zu bedenken. »Ja, ich weiß es«, lautete seine Antwort, aber er wußte es mit Sicherheit nicht, denn ich war der erste Fixer, der zu ihm kam.

Schließlich wurde ich entlassen. Morgens um 6 Uhr stand einer der Mitarbeiter vor der Tür und brachte mich zu Friedel. Dort haben wir erst einmal kräftig gefrühstückt und dann wurde mir gesagt, daß sie eine Wohnung für mich suchen würden. Nun, das kann lange dauern und vielleicht finden sie gar keine, dachte ich erleichtert, denn ich ahnte schon, daß man dieser Sorte von Christen nicht so leicht durch die Finger schlüpft. Doch bereits einen Tag später hatte man schon eine Wohnung für mich und so fügte ich mich mit gemischten Gefühlen in das Unvermeidliche.

Ich bekam nicht nur eine Wohnung in der Nähe von Hückeswagen, sondern auch eine Arbeit. Dadurch wurde der Kontakt zu den Christen immer enger und ich wurde mit in die Teestube genommen, wo ich viele andere Christen kennenlernte. Ich spürte denen aber ab, daß sie einfühlsamer und feiner miteinander umgingen, als ich zunächst erwartet hatte.

Was mich allerdings sehr ärgerlich machte, war die unangenehme Tatsache, daß ich von Hinz und Kunz gefragt wurde, ob ich Christ sei. Jeder wollte mich bekehren und das ging mir fürchterlich auf die Nerven.

Nachdem ich einige Wochen überstanden hatte, kam Wolfgang auf mich zu, den ich aus der Kontaktgruppe in Siegburg kannte. Er sagte zu mir: »Jetzt bist du doch nicht mehr im Knast. Wir können doch jetzt mal zu Gott beten und Ihn bitten, daß Er in dein Leben kommt!«

Was sollte ich nun machen? Einerseits dachte ich: Jetzt beten, daß ist unmöglich. Einen solch irrationalen Schritt tun und zu einem Gott beten, an den ich nicht glauben kann!

Andererseits wußte ich, daß es für mich keine Alternative gab und hoffte sogar im stillen, daß vielleicht doch etwas Wahres an dem Gerede der Christen dran sein könnte.

Mit einem Funken von Hoffnung und Erwartung habe ich dann gebetet: »Gott, wenn es dich gibt, dann komm bitte in mein Leben. Ich kann nicht glauben. Aber vergib mir bitte meine Sünden und mach mich neu!«

Das war ziemlich konfus und ich fand die ganze Situation ziemlich peinlich. Ich war froh, als mein Gesprächspartner mich alleine ließ.

Ich horchte dann noch ein wenig in mich hinein, ob sich da vielleicht doch etwas verändert hatte, aber da war nichts. Und ich hatte auch nichts erwartet.

Als ich am nächsten Morgen um 5.30 Uhr aufstand, um zur Arbeit zu gehen , merkte ich als erstes, daß meine Depressionen verschwunden waren. Obwohl mich bisher nie ein Sonnenaufgang stimuliert hatte, dachte ich: Das liegt am schönen Wetter! Kurze Zeit später, als ich in den Bus gestiegen war, der mich zur Arbeit brachte, blinzelte ich absichtlich in die Sonne, weil ich fürchtete, daß mich die Depressionen in der Werkstatt wieder einholen würden. Aber sie kamen den ganzen Tag nicht!

Hatte das Gebet am Vorabend doch etwas in mir verändert, oder hatten die Christen mir etwas in Essen getan?

Als auch am Abend die Depressionen nicht auftauchten, fiel mir mein Gebet ein und plötzlich wußte ich, daß Gott in mein Leben eingegriffen hatte. Gott hatte tatsächlich meine Schuld, mein sündiges Leben, den alten heroinsüchtigen Dieter Röhrig weggenommen und mir ein neues Leben geschenkt. Ich wußte, daß mit mir das geschehen war, was die Bibel Wiedergeburt nennt. Und als ich dann voll Freude die Bibel aufschlug, wußte ich mit Gewißheit: Jetzt redet Gott zu dir und was in diesem Buch steht, das ist die Wahrheit und an dieser Wahrheit muß alles andere gemessen werden! Ich war ein Kind Gottes!

Rückfall

In der ersten Zeit nach meiner Bekehrung hätte ich vor Freude platzen können. Ich konnte nicht verstehen, warum so viele Christen mit hängenden Gesichtern herumliefen, wo wir doch einen solch wunderbaren Gott haben.

Doch dieser große und weise Gott sorgte dafür, daß ich Ihn und auch mich selbst ein bißchen besser kennenlernte und keinen Grund mehr hatte, mich etwas arrogant über andere Christen zu erheben.

So wurde z.B. meine Beziehung zu Gott durch eine konkrete Sünde gestört. Leider habe ich diese Sache nicht sofort in Ordnung gebracht. Ich bin auch nicht zu Christen gegangen, um sie in dieser Angelegenheit um Hilfe zu bitten. Nein, ich wollte es in eigener Kraft schaffen und begann, meine Probleme zu überspielen. Darüber wurde ich sehr unzufrieden und schließlich merkten auch meine Freunde, daß mit mir irgendetwas nicht stimmte. Da ich aber nicht bereit war, reinen Tisch zu machen, geriet ich in die nächste Sünde und begann, wieder Haschisch zu rauchen.

Eine weitere deprimierende Erfahrung war: Auf der einen Seite erzählte ich anderen, daß Jesus Christus mich frei gemacht hatte und anschließend steckte ich mir eine Zigarette an. Ich ärgerte mich selbst über meine Widersprüchlichkeit, wenn ich von Freiheit redete, aber nicht einmal in der Lage war, das Rauchen aufzugeben. Schließlich versuchte ich mich selbst auszutricksen, indem ich allen Leuten, die ich kannte, sagte:

»Wenn ihr mal jemand sehen wollt, der das Rauchen aufgibt: Dieter Röhrig, ab 1. Juli!«

Doch diesen Vorsatz habe ich nur mit viel Mühe 14 Tage durchgehalten und dann stand ich wieder da mit einer Kippe.

Dann gab es auch noch andere Niederlagen, mit denen ich nicht fertig wurde. Das Ergebnis war, daß ich zu mir sagte: du schaffst es nicht. Du hast bisher immer versagt, damals in der Schule, dann als Drogenabhängiger und jetzt auch noch als Christ!

Diese Krise führte dazu, daß ich begann, Rezepte zu fälschen, um mir Valoron und Heroin zu besorgen. Auf diesem Tiefpunkt angekommen, plante ich, mich in die Türkei abzusetzen, obwohl ich mich damals mitten in der Ausbildung befand und auch mit Iris, einem Mädchen, das sehr entschieden mit Jesus lebte — meiner jetzigen Frau — befreundet war.

Ich hatte vor, mit einer Summe Geld in der Türkei einen großen Deal zu machen und dann loszulegen. Aber ausgerechnet vor der Bank, wo alles starten sollte, erwischte mich Peter Knüppel, mein damaliger Chef, packte mich am Kragen und sagte mit Tränen in den Augen:

»Nicht was Du willst, ist jetzt dran, sondern was ich will! Du kommst jetzt mit zum Friedel!«

Seinen Tränen und seiner Traurigkeit konnte ich nicht widerstehen. Als wir in Friedels Büro kamen, sagte ich: »Alles Mist. Ich bin am Ende, ich haue ab!«

Friedel antwortete nur: »So schnell geht das?« Ich rief den niedergeschlagenen Anwesenden nur noch »Tschüss, macht's gut!« zu und verschwand, um mir 1.000,— DM von meinem Konto zu holen. Danach fuhr ich nach Wuppertal, besorgte mir Heroin und kam vollgepumt des Abends wieder in Hückeswagen an. Doch bereits am nächsten Morgen klopfte es an meiner Tür. Hans Eichbladt, ein Mitarbeiter der Gefährdetenhilfe, stand dort und rief: »Junge, mach auf, wir müssen noch einiges klären. Du läßt lauter gestörte Verhältnisse zurück!«

Mürrisch erklärte ich mich zu einem letzten Gespräch bereit, gab mir vorher aber noch einen Schuß Heroin, der jedoch danebenging, weil ich die Vene nicht ganz getroffen hatte.

Im Büro saß ich Friedel, einer Hauswirtschafterin und meiner Freundin Iris gegenüber. Sie alle wußten inzwischen von meinen Rezeptfälschungen. Friedel stellte mir zwei Möglichkeiten vor: »Entweder Du machst bei uns einen Entzug, oder wir fahren Dich in den Knast, denn schließlich wissen wir von Deinen Rezeptfälschungen.«

Ich entschloß mich schweren Herzens für den ersten

Vorschlag und erlebte dann, wie die Christen während meines Entzugs zu jeder Tages- und Nachtzeit an meinem Bett wachten.

Auf meinem Bett sitzend oder liegend durfte ich nichts anderes machen, als nur lesen. Damals las ich die Bücher von Colson über die Watergate Affäre, um über den Turkey hinwegzukommen, der aber nicht so schlimm wurde, wie ich befürchtet hatte. Ich las also, welch große Wunder Gott an Menschen tat, die vorher Todfeinde waren. Das sprach mich total an, doch ich sagte mir: Diese Geschichte ist für dich abgelaufen. Das sind Träume, die für dich ausgeträumt sind.

Aber ich wurde bei diesem Entzug auch Zeuge einiger erstaunlicher Wunder. Es kamen zwar keine Todfeinde an mein Bett, aber immerhin der Vater von Iris, der absolut sauer auf mich war und von dem ich wußte, daß er froh gewesen wäre, mich niemals gesehen zu haben. Ausgerechnet er kam mit einer Jagdzeitung unter dem Arm in mein Zimmer, setzte sich auf mein Bett und meinte: »Ich bin noch jung. Ich will auch auf Dich aufpassen!«

Dann kam auch noch Inge dazu, seine Frau, und brachte Strickzeug mit. Ich verstand gar nichts mehr, fühlte mich völlig überfordert und verkroch mich in die äußerste Ecke meines Bettes. Und dann schaute dieser Mann tief in meine Augen und sagte, ohne daß ein Funken von Ablehnung zu spüren war: »Junge, mußte das sein?«

Dieser Satz in dieser Situation machte mir deutlich, daß eine Beziehung der Annahme und Liebe zwischen uns entstanden war, und das machte mich noch mehr fertig.

Die ganze Situation schien mir so verfahren, daß ich den Gedanken hatte, wieder in den Knast zu gehen. Ich sehnte mich fast danach. Aber dann hatte ich ein Gespräch mit Friedel und dem Vater von Iris. Friedel sagte mir: »Du willst Buße tun, nicht?«

Diese Frage hatte ich nicht erwartet. Ich wollte keine Buße tun, sondern wollte so schnell wie möglich weg. Ich hatte keine Lust mehr und wußte nur, daß ich jämmerlich versagt hatte. Und doch antwortete ich auf die Frage von Friedel mit »Ja«.

Friedel betete, der Vater von Iris betete und schließlich bekannte ich Gott, daß ich sehr von mir enttäuscht war, nichts mehr vorzuweisen hatte, nichts mehr wußte und am liebsten abhauen würde.

Nach diesem Gebet kam ein tiefer Friede in mein Herz. Gott wollte mich an diesen Punkt bringen, wo ich erkannte: »Ich kann nichts, nicht einmal als Christ leben.« Und dann schien es mir, als wollte Gott mir sagen: Laß mich nur machen. Wenn Du meinst, noch irgendetwas tun zu können, dann kann Ich nicht. Und wenn Ich nicht in Deinem Leben wirken kann, dann hast Du keine Chance!

Das war die Lektion, die ich damals zu lernen hatte und für die ich bis heute dankbar bin. Von diesem Zeitpunkt an ging es in meinem Leben bergauf.

Die letzte Verhandlung

Nun hatte ich noch eine Gerichtsverhandlung vor mir. Dabei sahen die Karten für mich äußerst schlecht aus: 13 Urkundenfälschungen, dazu meine Vorstrafen und ein als streng bekannter Richter!

Die Verhandlung kam. Peter, Friedel, Hans und der Vater von Iris waren dabei, um für mich zu beten und mir nach Möglichkeit zu helfen. Ich war bereit, vor dem Gericht die ganze Wahrheit zu sagen, auch wenn ich damit rechnen mußte, zu einer hohen Gefängnisstrafe verurteilt zu werden. Wenn das Gottes Wille für mein Leben war, dann wollte ich im Gefängnis Sein Bote sein.

Nachdem der Staatsanwalt die Anklage vorgelesen hatte, bat der Richter mich um eine Stellungnahme.

»In allen Punkten schuldig!«

Dann wollte er etwas über Valoron wissen und fragte, warum ich das gemacht hätte. Darauf sprang Friedel ein und versuchte, meine damalige Situation deutlich zu machen. Nach diesen Ausführungen fragte mich der Richter:

»Hören Sie mal, Angeklagter, was für eine Garantie können Sie mir für Ihr Leben geben?«

»Wenn ich jeden Tag ,Stille Zeit' mache, werde ich wohl durchkommen!« Der Richter, der unter »Stille Zeit« sicher alles andere verstanden hat, als ich meinte, fragte dann etwas ratlos:

»Hm, Stille Zeit, — was sollen wir mit Ihnen machen?« Nun, ich hätte ihm schon einen Vorschlag machen können, aber schließlich war ich ja nicht der Richter, sondern der Angeklagte. Dann versuchte der Richter es mit dem Staatsanwalt, ob er eine Idee habe. Der wußte auch nicht so recht, was er sagen sollte und zog dann alle positiven Möglichkeiten in Erwägung.

Es war eine komische Situation. Bisher hatte ich bei Gerichtsverhandlungen immer einen Staatsanwalt erlebt, der gehörig »Gummi« gab und einen Richter, der konsequent analytisch vorging. Und jetzt fragte mich der Richter:

»Was halten Sie von einer Geldstrafe, wären Sie damit einverstanden?«

»Ja.«

»Herr Staatsanwalt, sind Sie mit einer Geldstrafe von 800 DM einverstanden?«

»Ja, das können wir machen.«

Mein zukünftiger Schwiegervater zog einen Scheck aus der Tasche, füllte ihn aus und dann war ich frei! Ich hätte den Richter samt Staatsanwalt umarmen können!

Nach einer Therapie bekam ich Arbeit bei dem Vater von Iris. Dort mußte ich erst mal krumme Nägel gerade klopfen und später lernte ich bei ihm das Bandweben. Ich tat das alles mit großer Freude und Dankbarkeit Gott gegenüber, der mir eine neue Chance geschenkt hatte.

Kurz bevor Iris und ich heirateten, ermöglichte mir mein Schwiegervater, mich mit einigen Bandstühlen selbständig zu machen. So war ich in jeder Beziehung ein reich beschenkter Mensch.

Inzwischen sind einige Jahre vergangen und Iris und ich haben vier Kinder. Wir wissen uns von Gott berufen, eine Wohngemeinschaft mit gefährdeten jungen Frauen zu leiten und konnten in unserem Betrieb junge Männer aus den anderen Wohngemeinschaften beschäftigen.

Als die Arbeit in der Bandweberei allerdings so anwuchs, daß wir an manchen Tagen 16 und mehr Stunden arbeiten mußten und dann keine Zeit mehr für die Wohngemeinschaft und die Familie blieb, entschlossen wir uns Anfang 1989, unseren Betrieb aufzulösen, um vollzeitig in der Arbeit an gefährdeten jungen Menschen mitarbeiten zu können.

Zur Zeit haben wir 10 Personen in unserer Wohngemeinschaft, die alle eine problematische Vergangenheit haben.

Doch für Iris und mich gibt es nichts Schöneres, als mitzuerleben, wie junge Menschen durch den Glauben an Jesus Christus völlig verändert werden und zu Persönlichkeiten heranreifen, die mit einem dankbaren Herzen das zu tun bereit sind, was Gott von einem jeden von uns erwartet: Gott zu lieben und den Nächsten wie sich selbst.

Ali Çobanoğlu

Von Mohammed zu Christus

»Keine Bewegung — Raubüberfall!«

Mit diesen hastig gesprochenen Worten und einer ge-
zückten Pistole stand ich vor den zwei Verkäuferinnen eines Lebensmittelgeschäftes im Westerwald. Entsetzt
schrien sie »Hilfe!«, aber ihr Schrei blieb ungehört, weil
wir die Mittagszeit abgewartet hatten — kein Kunde war
im Laden.

Wir — mein Freund und ich — waren keine Profis. Ohne Maske und — was sich als weit tragischer erweisen sollte
— ohne jede Erfahrung hatten wir den Laden gestürmt.
Während die verängstigten Frauen zitternd ihre Hände
hochhielten, rannte mein Freund zur Ladenkasse, räum-
te sie leer, lief mit der Beute aus dem Laden und verschwand mit seinem Auto von der Bildfläche, um mich
mit grimmigem Gesicht vor den beiden hilflosen Frauen
im Stich zu lassen.

Nun stand ich hier. Mit der geladenen Pistole in der Hand
und von meinem »Freund« gelinkt. Jetzt schrie ich inner-
lich um Hilfe, denn erst jetzt durchschaute ich das finstere Spiel, das man mit mir getrieben hatte und eine Illusion
zerbrach. Vor meinen Augen rollte in Sekundenschnelle
der Film meines Lebens ab. Als mir die Ausweglosigkeit
meiner Situation bewußt wurde, warf ich meine Pistole
weg und sagte den beiden Frauen, die immer noch mit er-
hobenen Händen vor mir standen: »Habt keine Angst, ich
tue euch nichts. Ich habe Mist gemacht und muß dafür
bestraft werden. Ruft die Polizei!«

In diesem Augenblick betrat ein junger Mann ahnungslos den Laden. Als ihm die Situation bewußt wurde, in die er hineingeraten war, wollte er fluchtartig den Laden verlassen. Ich rief ihm zu: »Ruf die Polizei, ich werde nicht weglaufen!«

Zehn Minuten später eilten zwei Polizisten mit gezogener Pistole in den Laden, der sich inzwischen mit Leuten gefüllt hatte. Auch vor dem Laden stand eine Menge Schaulustiger. So war die Frage der etwas verwirrten Polizisten verständlich: »Wer ist denn hier der Räuber?« Ich meldete mich daraufhin artig und streckte meine Hände widerstandslos den Handschellen entgegen. Eine der beiden Verkäuferinnen hatte sich inzwischen von dem ersten Schock erholt und fühlte sich nun stark genug, mir ein paar Ohrfeigen zu verpassen. Selbst wenn ich gekonnt hätte, ich hätte mich nicht dagegen gewehrt. Diese Schläge waren verdient.

Die Polizisten brachten mich zur Polizeistation nach Montabaur, wo ich in eine Zelle gesteckt wurde. Am nächsten Tag wurde ich dem Haftrichter vorgeführt und anschließend zur Untersuchungshaft nach Koblenz gebracht. Dort in der 2x3m - Zelle in Montabaur verbrachte ich eine schlaflose Nacht. Aufgewühlt von den Ereignissen des Tages und der großen Enttäuschung, dachte ich über mein Leben nach. Das wars also. Wo sind nun meine »Freunde«? Zum erstenmal in meinem Leben schrie ich zu Gott: »War das richtig, daß ich aufgehört habe an Mohammed zu glauben? Zeige mir bitte Deinen Weg und hilf mir!«

Meine Heimat stand vor meinen Augen, das kleine Dorf

in Ostanatolien, wo ich meine Kindheit und Jugend verbracht hatte. Dort, nicht weit von den schneebedeckten Gipfeln des Gebirges Ararat entfernt, lebten meine Eltern und Geschwister in großer Armut. Mein Vater war Schafhirte in dieser rauhen und unfruchtbaren Gegend, die oft von Hungersnöten heimgesucht wurde. Im Sommer litten wir unter unerträglicher Hitze, während im Winter oft meterhoch der Schnee lag und der getrocknete Kuhmist nicht reichte, um unser kleines Haus, dessen zwei Zimmer 12 Personen beherbergen mußten, einigermaßen zu heizen.

Der Wunsch meiner islamischen Eltern war, daß ich als ihr zweitältester Sohn einmal »Hodscha« (islamischer Priester, Vorbeter) würde. Obwohl meine Eltern Analphabeten waren, sorgten sie dafür, daß wir Kinder zur Schule gingen. Zusätzlich besuchte ich täglich für 2-3 Stunden die »Medrese«, eine inoffizielle Schule, die von fanatischen Moslems geleitet wurde, um uns Unterricht im Koran und in der arabischen Sprache zu geben. Als ich 13 Jahre alt war, kam ich in eine offizielle Hodscha-Schule, wo ich für meinen zukünftigen geistlichen Beruf ausgebildet wurde. Mit 20 Jahren bestand ich meine Prüfung und zur großen Freude meiner Eltern und Verwandten wurde ich der erste »Hodscha« meines Dorfes.

Jeden Morgen, »bevor man den Wolf vom Schaf unterscheiden konnte« — so lautete die Vorschrift — mußte ich aufstehen, jeweils dreimal meine Hände, Füße und mein Gesicht waschen, sowie meinen Mund und meine Nase ausspülen. Dann stieg ich auf einen Hügel oder ein Dach, um das in der Dämmerung liegende Dorf mit dem Ruf zu wecken: »Allahu akbar...« — »Allah ist groß. Es gibt nur einen Gott und Mohammed ist sein wahrer Prophet. Gott segne Mohammed. Beten ist besser als schlafen. Kommet zum Gebet!«

Mehr oder weniger schlaftrunken kamen dann nach und nach die Bewohner des Dorfes in einem Haus zusammen, das einen Ersatz für die fehlende Moschee darstellte. Hier betete ich täglich fünfmal meine Gebete auf arabisch und las die entsprechenden Suren aus dem Koran, die allerdings keiner von den Anwesenden verstehen konnte. Wer besonders fromm war, betete anschließend 33mal »Allah ist groß, Mohammed ist sein Prophet, Allah ist gnädig...«, wobei er sein »Tesbih« (eine Art Rosenkranz) zählte. Ich war nun der angesehenste und mächtigste Mann im Dorf — der Stolz und die Freude meiner Eltern.

Doch diese Freude meiner Eltern dauerte nur etwa 10 Wochen. Mich quälten starke Zweifel an der Glaubwürdigkeit des Koran. Angefangen hatten diese Zweifel schon vor Jahren, als ein armenischer Freund mir zwei Argumente gegen meinen Glauben vorbrachte:

1. Es sei Unsinn zu glauben, die arabische Sprache sei die »heilige« Sprache, die allein im Paradies gesprochen wird. Gott spricht und versteht jede Sprache, meinte mein Freund. Das schien mir einleuchtend zu sein, denn schließlich konnte ich mich bereits in drei Sprachen verständigen: kurdisch, türkisch und arabisch. Sollte Gott, mein Schöpfer, dagegen nur eine Sprache sprechen und verstehen?

2. Es ist eine Fälschung, wenn im Islam behauptet wird, Abraham hätte Ismael und nicht Isaak opfern sollen. Die anderen heiligen Bücher (die Bibel) würden etwas anderes lehren. Obwohl ich seine Behauptungen nicht nachprüfen konnte — leider gab es in unserem Dorf keine Bibel — wurde mein Vertrauen zum Koran erschüttert. Bei jedem Dienst als »Hodscha« fühlte ich mich wie ein Heuchler, der selbst nicht von dem überzeugt ist, was er anderen verkündigt. Schließlich hielt ich es nicht mehr länger aus und an einem Freitag erklärte ich den versammelten Gläu-

bigen: »Liebe Geschwister, ich fühle mich vor Euch wie ein Lügner. Was ich Euch gepredigt habe, glaube ich selbst nicht. Deswegen kann ich nicht mehr länger Euer Hodscha sein.«

Die Anwesenden waren wie vom Schlag getroffen. Sie wurden sofort aggressiv, begannen mich zu schlagen und spuckten auf mich. Andere liefen zu meinen Eltern und Geschwistern und sagten, daß sie diese Schande, die ich auf meine Familie gebracht hätte, nur auslöschen könnten, wenn sie mich töten würden.

Meine Eltern weinten. Endlich hatte ihr Sohn es zu etwas gebracht, und nun diese Schande!

Es war klar, daß ich unter diesen Umständen nicht länger zu Hause bleiben konnte und so zog ich nach Bingöl, einer größeren Stadt. Dort suchte ich ziemlich hoffnungslos und verzweifelt nach Arbeit, bis ich nach einigen Tagen zum ersten Mal in meinem Leben kurdische Sozialisten kennenlernte, die mich sehr freundlich ansprachen und zu sich einluden. Ihre Freundlichkeit, ihre Vaterlandsliebe und ihre Lebensideale zogen mich sehr stark an und bald lernte ich, ein stolzer Kurde zu sein.

Als die Situation 1978 für uns sehr kritisch wurde, reiste ich mit einer Anzahl Gleichgesinnter nach Deutschland aus, um dort zu studieren, Geld zu verdienen und die kurdischen Patrioten zu unterstützen.

Zunächst wohnte ich in Bad Godesberg, später im Westerwald. Ich studierte die Werke von Karl Marx, Friedrich Engels und wurde ein überzeugter Sozialist, weil ich keine Alternative kannte. Da ich ziemlich fleißig war, verdiente ich gut und konnte auch meine Eltern unterstützen.

Um auf Dauer in Deutschland bleiben zu können, hatte man mich überredet, 1982 eine Scheinehe mit einer deutschen Frau einzugehen. Wir trafen uns nur am Standesamt, um dann wieder auseinanderzugehen. Doch drei Jahre später reichte sie die Scheidung ein, weil ich nicht einsehen konnte, für meine Scheinfrau, mit der ich nie zusammengelebt hatte, Unterhaltsgeld zu zahlen.

Unter den vielen Kurden, mit denen ich in Deutschland bekannt war, hatte ich einen guten Freund. Wir hatten in Hachenburg eine gemeinsame Wohnung. Später heiratete er und geriet in eine finanzielle Krise. In dieser Not bat er mich, ihm Geld zu leihen. Es war eine größere Summe, die er auch pünktlich zum abgemachten Termin zurückzahlte, sodaß ich keine Bedenken hatte, ihm auch ein zweites Mal Geld zu leihen. Als er dann aber nach wenigen Wochen ein drittes Mal Geld von mir haben wollte, war ich am Ende meiner Reserven. Wir befanden uns in seinem Auto auf dem Weg nach Montabaur, als ich ihm mitteilte, daß ich nun auch kein Geld mehr hatte. Als wir uns dem Ortseingang eines Dorfes näherten, fragte er mich plötzlich: »Was hältst du von einem Raubüberfall in diesem Dorf?« Während ich einerseits traurig darüber war, ihm finanziell nicht helfen zu können, und andererseits etwas empört und überrascht über seinen Vorschlag, raunte er mir grinsend zu: »Hast Du etwa Muffe davor?«

Mit dieser Bemerkung hatte er meinen Stolz getroffen und ich gab lachend zur Antwort: »Angst, vor wem? Ich mache mit!« Wenige Minuten später kam es zu dem anfangs geschilderten stümperhaften Raubüberfall.

Nun brannte in mir nur noch das Verlangen, mich zu rächen, diesen Verräter umzubringen!

Nach 13 Monaten Untersuchungshaft kam es im März 87 zur Verhandlung in Koblenz. Da ich mich selbst gestellt und alles zugegeben hatte, lautete das Urteil: Vier

Jahre Freiheitsstrafe. Zuerst kam ich nach Duisburg-Hamborn und anschließend wurde ich nach Schwerte-Ergste verlegt.

Bereits in Koblenz hatte ich als Antwort Gottes auf mein Gebet in Montabaur ein türkisches Neues Testament bekommen. Bisher — und ich befand mich inzwischen etwa 8 Jahre in Deutschland — hatte mich nie irgend ein Christ angesprochen oder ein Traktat in die Hand gedrückt. Etwa ein Jahr lang las ich in diesem Neuen Testament und mir wurde klar, daß Gott von mir erwartete, daß ich zu Ihm umkehre und mit meinem gottlosen Leben breche.

In Duisburg-Hamborn lernte ich zum ersten Mal in meinem Leben einen überzeugten Christen kennen, Herrn Schneider. Er leitete in diesem Gefängnis einen Bibelkreis, der sich einmal in der Woche traf. Nachdem ich zum ersten Mal an diesem Bibelkreis teilgenommen hatte, platzte ich am Ende der Stunde heraus: »Du erzählst uns viel über Jesus Christus. Aber es gibt doch schließlich auch andere Themen. Wie denkst Du über den Frieden in dieser Welt?«

Er antwortete: »Ich gehöre auch zu einer Friedensgruppe. Mein Friede ist Jesus Christus. Wer an Ihn glaubt, hat Frieden, und wer Ihn verachtet, hat keinen Frieden.«

Diese schlichte Antwort traf mein Herz und Gewissen. Ich war sprachlos und als er erstaunt fragte: »Warum sagen Sie nichts mehr?«, antwortete ich: »Das hat mir gereicht, ich habe keine Fragen mehr.«

»Ich sehe, daß Sie ein suchender Mensch sind. Auf welcher Zelle liegen Sie?«

»Zelle 153, Abteilung II.«

»Ich werde kommen und Sie besuchen.« Natürlich rechnete ich nicht mit seinem Besuch, aber bereits etwa eine Stunde später betrat er meine Zelle und brachte mir eine türkische Bibel und einige Briefmarken mit. Er fragte mich, ob er in dieser Zelle für mich beten dürfe. Ich hatte nichts dagegen und erwartete, daß er — wie ich es früher als Moslem gewohnt war — ein Gebet herunterleiern würde. Aber statt dessen kniete er auf dem Boden nieder und sprach zu Gott wie zu einem Freund: »Herr Jesus, hilf diesem jungen Mann, Dich zu finden, und löse Du seine Probleme! Amen.«

Nach diesem Gebet konnte ich meine Tränen nicht länger zurückhalten. Es war das erste Gebet, daß ich von einem Christen gehört hatte und so fragte ich ihn tiefbewegt: »Wann werden wir uns wiedersehen?«

»Ob wir uns wiedersehen, weiß ich nicht. Aber wenn Sie sich bekehren und Jesus Christus als Ihren Retter annehmen, werden wir uns spätestens im Himmel wiedersehen.«

Das war und blieb bis heute meine einzige Begegnung mit diesem Mann, denn bereits eine Woche später wurde ich nach Schwerte-Ergste verlegt. Hier hatte ich nun Zeit und auch die Möglichkeit, anhand der Bibel meine langjährigen Fragen aufzuarbeiten. Hatte Abraham Isaak oder Ismael opfern sollen? Ich begann das erste Buch Mose zu lesen und nach 22 Kapiteln wußte ich die Antwort der Bibel und gab meinem damaligen armenischen Freund recht.

Wenige Tage später wurde plötzlich und unerwartet meine Zellentüre von einer älteren Dame geöffnet, die sich als Frau Lehmkühler, die Anstaltspastorin, vorstellte. Sie lud mich zu ihrem Bibelkreis ein, übergab mir aber auch eine Tafel Schokolade und ein Päckchen Kaffee, deren Wert nur der zu schätzen weiß, der einmal »gesessen« hat. Meine Antwort auf ihre freundliche Einladung lautete:

»Wenn ich Zeit habe, werde ich vielleicht mal Ihren Kreis besuchen.«

Nun, Zeit gehört zu den wenigen Dingen, die im Knast reichlich vorhanden sind und so dauerte es nicht lange, bis ich regelmäßiger Besucher dieses Bibelkreises war.

Abends, auf meiner Einzelzelle, hatte ich dann immer viel Stoff zum Nachdenken. Mir wurde klar, daß Gott von mir eine bewußte Umkehr zu Ihm erwartet. Doch eine Stimme in mir sagte: »Das hast Du nicht nötig. Du bist kein Sünder, Du hast zwar einen Raubüberfall gemacht, aber dafür sitzt Du jetzt schließlich im Knast und damit ist dieser Ausrutscher ausgeglichen.« Auch quälten mich Fragen, die nur ein Moslem nachempfinden kann: »Wie ist das möglich, daß Gott einen Sohn hat?« Diese Behauptung war für mich ehemaligen Moslem eine Gotteslästerung. »Shirk« (Zugesellung) ist für einen Moslem die schwerste Sünde, die man begehen kann. Deshalb wird Jesus Christus als Sohn Gottes im Islam schroff abgelehnt, weil sie darunter verstehen, daß Gott Maria zur Frau hatte und Jesus, den Sohn, gezeugt habe. Wer Gott einen Partner zur Seite stellt, begeht nach islamischem Glauben die Sünde, die niemals vergeben wird.

Doch die Unruhe in meinem Herzen wurde immer größer. Was würde geschehen, wenn ich jetzt vor Gott stehen müßte? Etwa 6 Monate lang quälte ich mich mit diesen Gedanken. Doch im November 87 geschah das große Wunder in meinem Leben. Der Beamte hatte gerade die Zellentüre abgeschlossen und eine gute Nacht gewünscht. Während es um mich herum still wurde, begann in mir ein Kampf. Verzweifelt und mit Selbstmordgedanken geplagt, sagte ich mir: Jetzt oder nie!

Wieder schlug ich meine Bibel auf und las die Worte in Johannes 14,6:

»Ich bin der Weg und die Wahrheit und das Leben. Nie-

mand kommt zum Vater, als nur durch mich.«

In meiner Not rief ich laut: »Jesus, ich will doch zu Dir kommen, warum kann ich nicht?!«

Schließlich lag ich weinend und zitternd auf meinen Knien und betete: »Herr Jesus, Du bist auf diese Erde gekommen, um am Kreuz auch für mich zu sterben. Bitte, vergib mir meine Sünden!«

Nach diesem Gebet stand ein neuer Mensch auf. Meine Hoffnungslosigkeit war einer tiefen Freude gewichen. Alle Rachegedanken und meine Einsamkeit waren verschwunden, denn ich wußte: Jesus ist bei mir. Weil ich Gottes Liebe und Vergebung erfahren hatte, konnte ich sogar meinem »Freund«, der mich betrogen und im Stich gelassen hatte, vergeben. Meine Freude war so groß, daß ich sie nicht für mich behalten konnte. Sofort schrieb ich auf drei Seiten die Geschichte meiner Umkehr zu Gott und schickte sie der Kalendermission, von der ich einen türkischen Kalender in meiner Zelle hängen hatte.

Am nächsten Tag ging ich mit großer Freude zum Bibelkreis, um dort den anderen meine Bekehrung zu bezeugen. Nie werde ich vergessen, wie Frau Lehmkühler nach dieser Mitteilung auf mich zuging, mich in den Arm nahm und mir das alte Lied von Isaak Watts sang: »Ist's wahr, daß Jesus starb für mich, und büßte meine Schuld?« Der Refrain dieses Liedes »An dem Kreuz brach der Morgen mir an, und des Blinden Auge ward aufgetan...« drückte genau aus, was ich in der vergangenen Nacht erfahren hatte: Mir waren die Augen für den Sohn Gottes geöffnet worden!

Es dauerte nicht lange, bis ich auf meiner Abteilung als »der Fromme« bekannt war. An einem Tag, als ich zum ersten Mal Wochenendurlaub beantragt hatte, war ich ziemlich niedergeschlagen, weil ich keine Kontaktperson hatte, bei der ich den Wochenendurlaub hätte verbringen können. Ein Gefangener, der mich beobachtet hatte, rief spottend: »Was guckst Du bedäppert. Hilft Dir Dein Jesus nicht mehr?«

Ich versuchte ihm zu erklären, daß ich daran keinen Zweifel hätte, ich aber trotzdem traurig wäre, weil ich nicht wüßte, wo ich meinen Urlaub verbringen könnte. Darauf meinte er: »Ach, ich kenne draußen jemand, der ist genauso ein frommer Spinner wie Du. Ich geb Dir seine Adresse, vielleicht nimmt er Dich auf.«

Glücklich über diesen Hoffnungsschimmer rief ich ihm zu: »Mann, siehst Du, Jesus hilft mir doch, und dazu noch durch Dich!«

Wenige Tage später bekam ich den ersten Besuch — ein Ehepaar, dessen Adresse mir vermittelt worden war.

Obwohl ich sie bisher nie gesehen hatte, waren sie mir nicht fremd. Nachdem ich ihnen meine Geschichte erzählt hatte, sagte mir der Mann: »Du bist mein Bruder, und jederzeit herzlich willkommen bei uns!

Das nächste Wochenende verbrachte ich bei diesem lieben Ehepaar — sie wurden mir in den folgenden Monaten zu Vater und Mutter. Dort besuchte ich mit ihnen auch zum ersten Mal in meinem Leben eine Zusammenkunft von Christen. Auch wenn ich vieles noch nicht einordnen konnte, ich fühlte mich dort Zuhause.

Als sie mich abends zurück zum Gefängnis brachten, gaben sie mir noch eine wichtige Information mit: In Deutschland ist es möglich, bei sehr guter Führung auf Antrag mit der Halbstrafe entlassen zu werden. Am nächsten Tag hatten wir »Zusammenschluß«, d.h., die Gefangenen durften sich innerhalb unserer Abteilung gegenseitig besuchen. Ich ging zu Ulrich, der mir die Adresse gegeben hatte und fragte ihn, ob er bereit wäre, meinen Antrag auf Halbstrafe zu tippen. Er erklärte mir, daß ich nicht ganz dicht sei, denn ohne Anwalt sei ein solcher Antrag unsinnig. Ich sagte ihm, er möge doch bitte schreiben, weil mein Deutsch so schlecht sei, ansonsten würde schon Jesus Christus in dieser Sache mein Anwalt sein.

Auch die Anstaltsleitung lachte mich aus, als ich meinen Antrag abgab und ein Beamter, mit dem ich mich ansonsten gut verstand, machte sich besonders darüber lustig. »Wenn Sie an Jesus Christus glauben, werden Sie noch größere Wunder erleben«, gab ich ihm zur Antwort und betete für diese Angelegenheit.

Am Vorabend meiner Entlassung hatte ich das Gefühl der besonderen Gegenwart Gottes in meiner Zelle. Irgendwie bekam ich die Gewißheit, daß ich bald entlassen würde. Meine Freude war groß.

Als mir am anderen Morgen der vorher spottende Beamte zurief, er hätte mir etwas mitzuteilen, sagte ich ihm, daß das nicht nötig sei. Ich wüßte auch so, daß ich entlassen wäre. Wenige Minuten später kam die Anstaltspastorin zu mir mit meinem neuen Freund, der gekommen war, um mich abzuholen. Um 15 Uhr verließ ich freudestrahlend mit zwei Pappkartons, die meinen ganzen Besitz darstellten, das Gefängnis. Ich war frei!

Doch nun begannen andere Schwierigkeiten, denn ich war als »Knacki« abgestempelt und hatte keinen erlernten Beruf.

Kurz nach meiner Entlassung sagte eine Beamtin zu mir: »Wir werden Sie, genauso wie jeden anderen, in die Türkei abschieben!« So erhielt ich nur eine »Duldung«. Meine Entlassung kam aber für die Behörden so unerwartet schnell, daß sie meine Abschiebung noch nicht genügend vorbereitet hatten. So wohnte ich zunächst in einem staubigen, fensterlosen Kellerraum und wälzte mich des Nachts unruhig auf meinem Lager. Immer wieder kam der Gedanke: Heute wirst du abgeschoben! Einige meiner früheren Freunde, die man abgeschoben hatte, lebten bereits nicht mehr. So wurde der psychische Druck immer größer. Die »Duldung«, ein DIN A 4 Blatt, wurde immer nur für 3 Monate verlängert. Die Traurigkeit und Einsamkeit wurden so groß, daß ich betete: »Herr Jesus, bitte nimm mich weg von dieser Erde zu Dir!« Aber Gott tröstete mich durch die Verheißung *»Ich komme bald!«*. In dem Bewußtsein, daß Er jede Träne abwischen wird, daß dann kein Leid und kein Geschrei mehr sein wird, konnte ich diese innere Not durchstehen.

Obwohl ich als vorbestrafter Ausländer wenig Chancen hatte, eine Arbeitsstelle zu bekommen, konnte ich bald als Hilfsarbeiter und Pflasterer arbeiten. Und nicht nur das. Ich lernte meine Frau kennen, die auch vor kurzem zum Glauben an Jesus Christus gekommen war und im September 89 konnten wir heiraten.

Aber auch hier war eine Hürde zu überspringen. Eine Woche vor der Hochzeit verweigerten die Behörden die standesamtliche Trauung. Die Hochzeitseinladungen waren aber schon verschickt! Doch der lebendige Gott hatte auch da einen Weg für uns. Die standesamtliche Trauung fand in Dänemark statt, und etwas später konnten wir hier die Hochzeit nachholen. *»Werft euer Vertrauen nicht weg, welches eine große Belohnung hat!«* *»Fürchte dich nicht, denn ich bin mit dir.«* Diese Verheißungen aus der Bibel stärkten und ermutigten uns oft in Zeiten der Not, wo wir keinen Ausweg sehen konnten.

Natürlich war es mir ein großes Anliegen, von meinen Angehörigen in Kurdistan etwas zu hören. Im Sommer 88 tauchte plötzlich mein Bruder bei mir auf, den ich über 10 Jahre nicht mehr gesehen hatte. Er war noch sehr jung und konnte kein Deutsch außer »ja« und »nein«. Auch er litt unter der schweren Arbeit und unter der Einsamkeit. Da auch ich als Plattenleger hart arbeiten mußte, fand ich nicht viel Zeit, mich um meinen Bruder zu kümmern. Er blieb 6 Wochen bei mir und verschwand dann so plötzlich, wie er gekommen war. Aber er hatte eine Bibel mitgenommen.

Einige Monate später bekam ich einen Brief von meiner Schwägerin. Sie war bereits sieben Jahre mit meinem Bruder verheiratet, konnte aber leider kein Kind bekommen. Ein Arzt hatte ihr ein besonderes Medikament empfohlen, das Abhilfe schaffen könnte. Da die Kosten für dieses Medikament aber in der Türkei enorm hoch waren, bat sie mich, ihr doch die gewünschten Tabletten zu schicken. Ich beriet mich mit einem befreundeten Arzt, der mir aber riet, die Finger davon zu lassen. Er informierte mich über die akute Gefahr, daß dann ein behindertes Kind zur Welt kommen könnte. So betete ich und schickte ihr eine Cassette, auf der ich den Rat gab, nicht Hilfe bei Ärzten zu suchen, sondern ihr Leben erst einmal Jesus Christus zu übergeben. Wenn es Gott gefallen würde, könnte Er auch bewirken, daß sie ein Baby bekommen könnte. Die 150 DM, die das Medikament gekostet hätte, hatte ich ihr beigefügt, damit sie nicht den Eindruck bekommen konnte, als wollte ich ihr einen billigen Trost senden. Zwei Monate später bekam ich die Nachricht, daß sie schwanger geworden sei; und weitere fünf Monate später rief mich mein Bruder Abraham an, und bekannte unter Tränen: »Wir beten jetzt denselben Gott an, wie Du.

Meine Frau hat Deinen Rat befolgt und wir haben dann diese Gebetserhörung erlebt.« So hat Gott auch schon dieses zweite Wunder in meiner Familie getan.

Die Geschichte des Blindgeborenen aus Johannes 9, der durch die Macht Gottes sehend wurde, gehört zu den biblischen Berichten, die ich besonders liebe. Auch ich war als Moslem jahrelang blind für die Wahrheit der Bibel, aber Gott hat mir die Augen geöffnet. Nun ist es mir und meiner Frau ein Anliegen, diesen wunderbaren Gott den vielen Türken und Kurden hier in Deutschland, aber auch in meiner Heimat, bekannt zu machen. Das ist nicht leicht. Fanatische Moslems sind der Überzeugung, daß sie sich den Himmel verdienen, wenn sie einen Abtrünnigen töten. Verständlicherweise begegnet mir oft Haß, wenn ich meinen Landsleuten erzähle, daß ich Christ geworden bin.

Als ich einmal von Freunden eingeladen wurde, bei einer Büchertisch-Arbeit in Dortmund mitzumachen und mich damit in der Öffentlichkeit auf die Seite Jesu zu stellen, hatte ich zunächst große Angst. Doch als ich gebetet und die Verheißung *»Fürchte dich nicht, denn ich bin mit dir!«* in Gottes Wort gelesen hatte, bekam ich neuen Mut. Ich ging mit auf die Straße und wurde, wie befürchtet, von drei Türken, von denen einer ein »Hodscha« war, bedroht. »Wir werden Dich töten, wir werden nicht zulassen, daß Du christliche Propaganda unter unseren Landsleuten verbreitest!« Doch Gott half mir, freundlich zu ihnen zu bleiben und so sagte ich zu dem »Hodscha«: »Wissen Sie, was Sie eben getan haben? In Gottes Augen sind Sie ein Mörder. Sie bedrohen mich mit dem Tod, weil in Ihnen der Geist Satans ist. Ich mache hier keine Propaganda und werde auch nicht dafür bezahlt, sondern bezeuge, was Jesus Christus an mir getan hat. Mein Herz ist nicht mehr mit Rachegedanken, sondern mit dem Geist Gottes und Seiner Liebe erfüllt.«

Er weigerte sich, von mir eine Bibel anzunehmen und zerriß die Schrift, die ich ihm angeboten hatte. Ich stellte ihm noch die Frage: »Kann Ihnen Mohammed ewiges Leben geben? Jesus Christus hat mir ewiges Leben geschenkt!«

Wütend verließ er mich, nachdem er mich vergeblich aufgefordert hatte, ihm in die Moschee zu folgen.

Gott hat mir, einem ehemaligen Moslem, ein neues Leben geschenkt mit einer wunderbaren Zukunft. Ein Moslem weiß nicht, wohin er nach dem Tod kommt. »Tanri bilir« — »Gott weiß« ist ihre Antwort. Sie kennen Gott nur als den Richter, der in der Ewigkeit ihre guten Taten und ihre bösen Taten wiegen wird. Sie kennen nur den »fünffachen Weg«, um Gott zu gefallen: Tägliches Gebet, täglich Allah bekennen, einmal im Jahr Ramadan feiern, einmal selbst oder durch einen Stellvertreter Mekka besuchen und regelmäßig Almosen geben. Jesus Christus als den Sohn Gottes lehnen sie schroff ab. Sein stellvertretender Tod für uns auf Golgatha ist ihnen unvorstellbar. Der Koran erkennt Jesus nur als einen der großen Propheten neben Mose, David und Mohammed an.

Für mich ist Er der Retter und Erlöser geworden, und mein Wunsch ist, vielen Moslems — und unter ihnen besonders den Türken und Kurden — zu bezeugen , was Gott an mir getan hat und welchen Preis Er auch für ihre Erlösung gezahlt hat.

Zum Schutz der Hauptperson wurde ein Pseudonym gebraucht.

Gertrud Berg

Ich habe abgetrieben...

Soweit ich mich erinnern kann, hatte ich eine unbeschwerte Kindheit, die besonders von der Zuneigung zu meiner mich sehr liebenden Großmutter geprägt war. Da meine Eltern beide berufstätig waren, verbrachte ich die meiste Zeit bei Großmutter, die nach dem Tod meines Großvaters zu uns gezogen war. Sie war eine liebevolle Frau und fromme Katholikin, die abends regelmäßig mit mir betete, mir beim Einschlafen die Hand hielt und auch sonst für alle meine Nöte ein offenes Ohr hatte.

Großmutter sorgte auch dafür, daß ich regelmäßig zur Kirche ging; und das geschah am Sonntag mit der ganzen Familie, und zweimal in der Woche, wenn ich zum Schülergottesdienst ging. Eigentlich ging ich gerne zur Kirche und es wurde mir ein Bedürfnis, das auch nicht nachließ, als Großmutter uns wegen Arteriosklerose verlassen mußte, um von einer anderen Tochter, die nicht berufstätig war, gepflegt zu werden.

So hatte ich bereits als Kind gelernt, mit all meinen Sorgen und Ängsten im Gebet zu Gott zu gehen, Ihm alles anzuvertrauen und auch für Seine Hilfe dankbar zu sein.

Die Schule bereitete mir viel Freude. Ich hatte keine Schwierigkeiten mit dem Lernen und so fiel es mir schwer, das Verbot meiner Eltern, das Gymnasium besuchen zu dürfen, zu akzeptieren. Ich lehnte mich oft dagegen auf, kam aber gegen die Argumente meiner Mutter nicht an. Sie meinte, daß sie nicht bereit wäre, für die Finanzierung der mit dem Besuch der Schule verbundenen Kosten zu arbeiten. Schließlich käme ich aus einer Arbeiterfamilie.

Als Jugendliche verstand ich mich mit meinem Vater besser als mit meiner Mutter, obwohl beide es gut mit mir und meiner älteren Schwester meinten, und wir ein recht harmonisches Familienleben führten.

Bereits ziemlich früh begann ich, mich für Jungen zu interessieren. Das äußerte sich allerdings zunächst nur in Tag- und Nachtträumen, die aber manchmal ausarteten und wahrscheinlich ein Ergebnis der schlechten Literatur waren, die ich verschlang.

Den ersten Freund hatte ich, als ich noch nicht ganz 15 Jahre alt war. Er war fünf Jahre älter als ich und mein besorgter Vater ermahnte ihn eindringlich, nicht zu weit zu gehen. So hielten sich unsere ausgetauschten Zärtlichkeiten in Grenzen, obwohl ich manchmal Angst bekam, die Kontrolle über meine Gefühle zu verlieren.

Mit der Zeit brach diese Freundschaft auseinander, sicherlich auch dadurch bedingt, daß ich nach großem Kampf mit meinen Eltern nun doch eine weiterbildende Schule besuchen durfte und sich mir dadurch ganz neue Perspektiven öffneten. »Am 11. August Ende in Frieden«. So lautete meine Eintragung in ein kleines Buch, in das ich die wichtigsten Daten meines Lebens eintragen wollte.

Zwei Jahre lang konzentrierte ich mich nun auf meine Ausbildung und hatte weder Zeit noch Interesse, mit irgendwelchen Freunden auszugehen, wie es viele andere Mädchen meines Alters zu tun pflegten.

Aber dann trat Philipp in mein Leben. Er studierte Volkswirtschaft und fuhr täglich in dem gleichen Zug, der auch mich zur Schule brachte. Wenn ich mal ins Freibad ging, konnte ich sicher sein, daß kurze Zeit später »zufällig« sein Liegeplatz in meiner Nähe war.

Er war nicht der Mann, von dem ich träumte. Doch mit seiner Liebenswürdigkeit und Hartnäckigkeit, mit der er mich immer wieder einlud, gewann er mich schließlich.

Philipp war ein lustiger, etwas leichtsinniger aber dennoch zuverlässiger Mensch. Mit seinen 21 Jahren war er vier Jahre älter als ich und hatte bereits einige Erfahrungen mit Mädchen gehabt. So war es für ihn normal, daß er immer mehr von mir forderte und ich dadurch in einen Zwiespalt zwischen Schrecken und Neugierde geriet. Bisher hatte ich klare Vorstellungen, was sexuelle Beziehungen betraf, denn durch meine Erziehung wurden mir feste moralische Grundsätze vermittelt. Allerdings meinte ich damals, nie einen Mann heiraten zu können, ohne vorher sicher zu sein, daß wir auch sexuell harmonierten. So konnte ich mich auf die Dauer den Anforderungen Philipps nicht länger entziehen und bald hatte er Anrechte auf mich, die mir zum Teil nicht behagten, die ich aber andererseits nicht abwehren wollte, weil ich ihn immer lieber mochte.

Heute bin ich zutiefst überzeugt, daß alle außerehelichen sexuellen Bindungen Sünde sind und besonders ein Mädchen in tiefe Konflikte stürzen. In den meisten Fällen sind sie mit einer regelmäßig wiederkehrenden Angst vor einer ungewollten Schwangerschaft verbunden.

Viele Psychologen bezweifeln, daß Jugendliche gefühlsmäßig in der Lage sind, eine intime Bindung einzugehen. Daß man sich mag, darf niemals ein Grund dafür sein, sich sexuell Freiheiten zu erlauben, die einzig in dem Schutz und in der Geborgenheit einer Ehe zur wirklichen Freude und Erfüllung führen können.

Nun zurück zu Philipp und mir. Wieder einmal hatte ich Angst, schwanger zu sein, und Philipp erhielt von seiner Mutter höchst zweifelhafte Ratschläge wie: Rotwein trinken, heiße Bäder nehmen, über holprige Feldwege fahren. Und wenn das alles nichts nütze, wisse sie auch, wo man bestimmte Tabletten kaufen könne.

Ich schämte mich schrecklich vor Philipps Eltern!

Nachdem ich alle diese Ratschläge befolgt und auch die Tabletten geschluckt hatte, merkte ich, daß alle Aktionen unnötig waren. Ich war nicht schwanger, sondern meine Periode kam mit Verspätung. Ein Arzt, den ich daraufhin aufsuchte, verschrieb mir dann die Anti-Baby-Pille mit dem Hinweis, wenn ich später Kinder bekommen möchte, sollte ich nach zwei Jahren eine Pillenpause einlegen.

Genau während dieser »Pillenpause« wurde ich schwanger! Ausgerechnet ich, die hochfliegende Ideen im Kopf hatte, die Ehre, Abwechslung und Abenteuer suchte!

Ein Kind — das Ende aller Träume!

Was sollten Verwandte, Freunde, Lehrer, die ganze Stadt von mir denken? Ich schämte mich. Was sollte ich tun?

Philipp reagierte, wie ich es erwartet hatte. Er wollte kein Kind! Er hatte sich nach seinem Studium für zwei Jahre bei der Bundeswehr verpflichtet und ich hatte noch keine Berufsausbildung. Die Entscheidung fiel:

»Du mußt das Kind ‚wegmachen’ lassen!«

Ich war verzweifelt. Ich wußte, daß Abtreibung Sünde ist, aber ich wußte nicht, was ich nun tun sollte. Vielleicht stimmte es doch, daß ein Embryo in den ersten Lebenswochen noch kein Mensch ist! Aber wie wird abgetrieben? Wer bezahlt das alles und was geschieht, wenn bei der Abtreibung etwas fasch läuft?

Diese und viele andere Fragen quälten mich, und meine Angst vor Spritzen, Schmerzen und all dem, was eintreten konnte, war groß.

Aufkommende Gedanken an das große Unrecht, das ich begehen würde, verdrängte ich. Mein zukünftiges Leben und die Ehre vor den Menschen waren mir wichtiger. Dazu kam, daß Philipp und seine Eltern etwas anderes als Abtreibung gar nicht erst in Betracht zogen. Außerdem war ich für sie ohnehin nicht die Schwiegertochter, die sie sich wünschten. Sie hätten lieber gesehen, wenn die Frau ihres Sohnes eine anständige Menge Geld mit in die Ehe gebracht hätte.

Meine Eltern zog ich anfangs nicht ins Vertrauen, weil mir die Angelegenheit äußerst peinlich war. Vor allem schämte ich mich vor meinem Vater. Als wir meine Eltern schließlich auch einweihen mußten, war Vater der einzige, der die Abtreibung ablehnte und erklärte, daß er seine Einwilligung nie geben würde.

Noch heute tut es mir sehr leid, daß wir ihn schließlich mit viel Mühe überredet haben, doch einzuwilligen. Auch hier fühlte ich mich schuldig, meinen Vater veranlaßt zu haben, gegen sein Gewissen zu handeln.

Philipps Mutter besorgte dann die Adresse eines Arztes, den wir eines Nachmittags konsultierten. Sie hatte alles in die Hand genommen und redete auch zuerst mit dem Arzt, der von allem nichts wissen wollte, ihr aber dann doch auf ihr Drängen die Adresse eines Kollegen gab.

Telefonisch verabredeten wir einen Termin mit diesem Arzt, der aber zuerst ein Attest meines Hausarztes über meine körperliche Verfassung verlangte. Weiter gab er uns die Adresse eines Psychiaters, der sowohl mich, meinen Vater und Philipp sprechen wollte.

Der Gang zu unserem alten Hausarzt fiel mir schwer, denn er kannte mich von klein auf. Ich wußte, daß ich nur durch hartnäckiges Lügen zu meinem Attest kommen konnte und so log ich, daß Philipp mich überrumpelt habe, daß ich niemals ein Kind von ihm haben wollte und ihn auch nie heiraten würde.

Ich bekam das Attest.

An einem sonnigen Apriltag fuhren Philipp und ich mit meinem Vater nach München, um das psychiatrische Gutachten erstellen zu lassen.

Ich wurde als erste in das Sprechzimmer gerufen. Wieder erzählte ich nur negatives über Philipp und stellte besonders heraus, daß ich weiterhin zur Schule gehen und mein Abitur machen wolle. Philipp sei mir von seinem Niveau her zu primitiv und ich wollte nie wieder etwas mit ihm zu tun haben.

Als Philipp an der Reihe war, betonte er, daß er sich auf gar keinen Fall an mich binden werde und für ihn diese Liebschaft sowieso beendet sei.

Später kam mein Vater aus dem Sprechzimmer, aber er wollte über sein Gespräch mit dem Psychiater nichts sagen. Man sah ihm deutlich an, daß man ihn in eine Rolle gedrängt hatte, die ihm auf das äußerste zuwider war. Erst später erzählte er mir von den Ausführungen des Psychiaters: Philipp und ich seien von solch unterschiedlichen Charakteren, daß eine glückliche Bindung ausgeschlossen sei und außerdem halte er Philipp für einen unzuverlässigen, leichtsinnigen Menschen. Ich solle unbedingt mein Abitur zu Ende machen.

Unser verlogenes Spiel brachte mich in den Besitz des psychiatrischen Gutachtens.

Wenige Wochen später war es dann soweit. Auf Verlangen des Arztes, der die Abtreibung vornehmen wollte, fuhr ich nüchtern und mit furchtbaren Ängsten im Herzen mit Philipp nach München.

Philipp lieferte mich bei dem Arzt ab. Eine alte, unfreundliche Sprechstundenhilfe führte mich in ein kahles, weißgetünchtes Zimmer und erklärte mir, ich solle mich bis aufs Hemd frei machen und warten. Dann ließ sie mich allein.

Da stand ich, frierend und voller Angst. »Hilf mir, o Gott! Ich kann nicht anders!«, so betete ich vor der schwersten Sünde meines Lebens.

Es schien mir eine Ewigkeit zu dauern, bis endlich der Arzt kam, ein alter, abweisender Mann. Er gab mir eine Spritze, die mich müde machen sollte. Aber sie wirkte nicht, und so zitterte ich am ganzen Körper und verkrampfte mich. Der Arzt konnte mir die Angst vom Gesicht ablesen. Aber endlich war alles vorbei.

Philipp hatte mich vor dem Betreten der Praxis gebeten, unbedingt zu fragen, ob es ein Junge oder ein Mädchen geworden wäre. Obwohl mir diese Frage nicht behagte, stellte ich sie dem Arzt. Ein vorwurfsvoller Blick dieses alten Mannes war die einzige Antwort. Erst in diesem Moment wurde mir bewußt, daß, wenn man danach fragt, es sich um einen Menschen gehandelt haben muß.

Mir war elend.

Der Arzt hatte mich, so empfand ich es jedenfalls, mit Verachtung behandelt. Und genau die hatte ich verdient! Ich konnte ihn gut verstehen. Zwei Stunden mußte ich nach dem Eingriff auf einer Couch liegenbleiben. Danach holte mich Philipp ab und bezahlte die vereinbarten 900 DM. Ich fühlte mich noch sehr benommen und sackte im Treppenhaus zusammen. Philipp schleppte mich zum Auto und ich mußte mich übergeben.

Danach wurde die Abtreibung totgeschwiegen.

Aber sie hat meiner Seele und meinem Leib geschadet, so

daß ich mich in Behandlung begeben mußte und eine Ausschabung vorgenommen wurde.

Das physische Wohlbefinden stellte sich wieder ein, aber psychisch hatte ich noch viele Qualen zu erleiden.

Drei Jahre nach dieser Abtreibung — wir hatten uns inzwischen verlobt — wollte ich wieder eine Pillenpause einlegen. Schließlich wollte ich später mehrere Kinder bekommen. Ich mochte Kinder sehr gern und träumte davon, später einmal eine Großfamilie zu gründen. Nun, das »später« kam früher als erwartet. Ich wurde wieder schwanger, hatte meine Ausbildung zwar noch nicht beendet, wollte aber auf gar keinen Fall ein zweites Mal abtreiben.

So heirateten Philipp und ich und zogen in eine nette Kleinstadt. Im Hochsommer war es dann soweit: Wir bekamen einen gesunden Jungen.

Unsagbar glücklich und froh verbrachte ich die erste Nacht nach der Geburt. Ich dachte nicht an Schlaf und konnte Gott immer nur aus vollem Herzen danken!

Die ersten Monate hatten wir sehr viel Freude an unserem Baby.

Doch eines Tages fiel mir eine Zeitschrift in die Hände, die sich mit Kindesmißhandlungen auseinandersetzte und beschrieb, wie grausam Mütter und Väter zu ihren Kindern waren, ja, daß manche Kinder sogar von ihren Eltern getötet wurden.

Ein panischer Schrecken überfiel mich. War ich besser als diese Eltern?

Hatte ich nicht auch ein Kind in meinem Leib getötet? War ich eine Mörderin?

Angst vor mir selber überkam mich und ich sah mich

in einem Licht, wie ich mich bisher noch nie gesehen hatte. Ich empfand Abscheu und Ekel mir selbst gegenüber. War ich noch normal? Könnte ich jederzeit so etwas wieder tun?

Mein Leben war plötzlich verändert. Ich sah mich als Kindesmörderin und es begann ein Teufelskreis belastender Gedanken, die mir Freude, Liebe und Lebenslust nahmen. Ich bekam Depressionen und hatte Angst, lange allein zu sein. Vor allem wollte ich nachts nicht mit meinem Kind alleine sein.

Ich hatte panische Angst durchzudrehen, meinem geliebten Kind wehzutun oder mir selbst etwas anzutun. Schlimm war, daß ich mich nicht mehr freuen konnte, ich hatte keinen Grund mehr zu lachen, fühlte mich ungeliebt und meinte, daß ich auch keine Liebe verdient hätte.

Philipp merkte natürlich meine Veränderung und führte sie darauf zurück, daß mich Kind und Haushalt allein nicht erfüllen würden. So gab er sich viel Mühe, mit mir Ausflüge zu unternehmen, mich zu zerstreuen und mir soviel Abwechslung wie möglich zu bieten.

Es war eine Zeit voller Unrast, in der wir keine Gelegenheit ausließen, zu feiern und uns mit Alkohol zu stimulieren. Auf diese Weise versuchte ich, mein Gewissen zu beruhigen und meine Angst zu verdrängen. Aber sie lauerte mir weiter auf und überfiel mich, sobald ich alleine war. Deshalb unternahm ich auch alles, um nicht allein sein zu müssen. Wenn mein Mann aus beruflichen Gründen auswärts übernachten mußte, überredete ich eine Freundin, über Nacht bei mir zu bleiben.

Zwei Jahre hielt dieser Zustand an, bis sich in mir der Wunsch breit machte, ein zweites Kind zu bekommen. Vielleicht hätte ich dann auch weniger Zeit zum Grübeln.

Zweieinhalb Jahre nach der Geburt unseres Sohnes bekamen wir ein kleines Mädchen. So glücklich ich bei der Geburt unseres Sohnes war, so unglücklich war ich bei der Geburt unserer Tochter. Vielleicht lag es auch daran, daß man einen Kaiserschnitt durchführen mußte und ich mich totkrank fühlte.

Nach 14 Tagen Krankenhausaufenthalt konnte ich mit meiner Tochter wieder nach Hause. Mein Sohn, den die Schwiegereltern betreut hatten, freute sich riesig und auch ich konnte mich wieder freuen!

Das Baby und unser sehr lebhafter Sohn brauchten sehr viel Zeit. Doch nach einigen Monaten wurde alles wieder zur Routine. Die Ängste kamen zurück, schlimmer als je zuvor.

Oft saß ich untätig herum und meine Gedanken kreisten um mich und meine Schuld. Ich hatte Angst, verrückt zu werden. Keinem, auch nicht meinem Mann, hatte ich den wahren Grund meiner Ängste mitgeteilt. Ich überlegte, zu einem Psychiater zu gehen, wußte aber auch, daß ich ihm die wirkliche Ursache meiner Depressionen niemals sagen würde.

Von meinem Hausarzt bekam ich Psychopharmaka. Ich testete es und siehe da, es half. Alle Angst war weg — nur fühlte ich mich ein wenig berauscht. Als ich meinte, durch dieses Medikament meine Persönlichkeit und meine Selbstkontrolle zu verlieren, setzte ich es ab.

Etwa zu dieser Zeit begannen wir, in unserem Heimatort ein Eigenheim zu bauen. Es war eine zeitraubende und beschäftigungsreiche Bauzeit von 10 Monaten. Ungern trennte ich mich von unseren neugewonnenen Freunden. Jedoch die Aussicht auf das neue Haus und den Garten, sowie der Trost, meine Eltern in der Nähe zu wissen, erleichterten den Umzug.

Nun begann die schlimmste Zeit. Unser Haus stand einsam in einem Neubaugebiet und für unseren Sohn gab es keine Spielkameraden. Mein Mann war aus beruflichen Gründen oft mehrere Tage unterwegs, so daß meine Depressionen immer heftiger wurden. Manchmal konnte ich nicht mehr klar denken.

In dieser Not begann ich inständig zu Gott zu beten. Mein religiöses Leben, das in den letzten Jahren brach gelegen hatte, wurde neu belebt. Regelmäßig ging ich wieder zur Kirche. Aber auch dort hatte ich Angst, plötzlich unkontrolliert losschreien zu müssen.

Dann kam der Abend, an dem ich Philipp unter Tränen den ganzen Kummer meines Lebens erzählte, weil ich völlig am Ende war. Er nahm mich in seine Arme und versuchte mich zu trösten. Er schlug vor, daß ich mir wieder eine Arbeit besorgen sollte, um mich abzulenken, aber ich wußte, daß dieser Vorschlag nur kurze Zeit helfen würde.

Eines Tages bekam ich durch meinen Sohn, der jetzt einen Kindergarten besuchte, Kontakt zu der Mutter eines neugewonnenen Freundes. Sie war eine überzeugte Christin und fragte mich, ob sie mir einmal etwas zu lesen bringen dürfte. Als ich freudig bejahte, brachte sie mir kurz darauf das Buch »Jesus unser Schicksal« von Pastor Wilhelm Busch aus Essen.

Dieses Buch führte mich zu Jesus Christus.

In Ihm erkannte ich den, der für meine Sünden und auch für meine Abtreibung am Kreuz gestorben war. Ich lernte den Sohn Gottes kennen, der treu und gerecht ist, und unsere Sünden vergibt, wenn wir sie bereuen und bekennen — Ihn der alles neu macht. Ohne Eigenleistung, nur aus lauter Gnade!

Er war meine Hilfe und Rettung. Alle meine Schuld und meine Ängste gab ich in Seine Hände. Das war keine »Beichte«, wie ich sie früher erlebt und praktiziert hatte. Das war Sündenvergebung, die frei macht. Ich faßte den Entschluß, mein Leben dem Herrn Jesus zu übergeben. Er wurde für mich der Weg, die Wahrheit und das Leben! Nur durch Seine Erlösung konnte ich mit allem fertig werden und fand den Weg zu Gott.

Voller Freude las und studierte ich nun die Bibel, weil ich alles genau wissen wollte. Gott half mir, Sein Wort zu verstehen und in einem kindlichen Glauben anzunehmen. Ich legte mein Leben mit allen Gedanken und Träumen, mit meinem Reden und Handeln in Seine Hand. Ich bat Ihn um Führung und treu Seiner Verheißung erfüllte Er mir meine Bitte.

Doch einige Jahre später wurde mein Glaube an Jesus Christus auf die Probe gestellt — ich erkrankte an Krebs.

Bevor die genaue Diagnose gestellt wurde, verdrängte ich meine aufsteigende Angst mit dem Gedanken, daß ich mich erst vor kurzem einer Krebsvorsorgeuntersuchung unterzogen hatte. Mein Vertrauen auf Gott war groß. Ich war Sein Kind und wußte, daß Er mich vor allem Bösen bewahren würde.

Seit meiner Bekehrung war es mir ein Bedürfnis geworden, jeden Tag mit Gebet und Bibellesen zu beginnen. Ich legte Gott im Gebet alle Menschen ans Herz, die mir lieb waren und Fürbitte nötig hatten, dankte für Seine Güte in meinem Leben und bat Ihn, nun durch Sein Wort zu mir zu sprechen. Meistens hielt ich es so, daß ich zwei Seiten aus dem Alten Testament und mindestens vier Kapitel aus dem Neuen Testament las.

Eines Morgens las ich im Alten Testament etwas über Krankheit — leider kann ich mich heute nicht mehr an die genaue Textstelle erinnern — und hatte den starken Eindruck, daß Gott mich erinnern wollte, zum Arzt zu gehen. Ich legte die Bibel zur Seite, rief meinen Gynäkologen an und bekam von dem sonst sehr beschäftigten Mann einen Termin für den nächsten Morgen.

Nach der Untersuchung sagte der Arzt, daß ich den Knoten, der mir Sorge bereitete, auf jeden Fall entfernen lassen müsse, er ihn aber für gutartig halte. Ich solle mit meinem Mann darüber sprechen und mir Gedanken machen, wo ich den Eingriff vornehmen lassen wolle. Gegen Tränen kämpfend verließ ich seine Praxis und fuhr zu meinem Hausarzt.

Mit Philipp konnte ich nicht reden, da er für ein paar Tage geschäftlich im Ausland war und ich durch das Telefon nicht über meine Befürchtungen sprechen wollte.

Mein Hausarzt machte mir sehr nüchtern klar, daß ich mich mit einer Operation befassen müsse, falls der Knoten bösartig wäre. Die Tragweite einer möglichen Krebserkrankung wurde mir erst jetzt völlig bewußt. Ich ging nach Hause, fiel auf meine Knie und bat Gott inständig, mir zu helfen, mich zu bewahren und zu führen.

Drei Tage später kam Philipp von der Geschäftsreise zurück. Bis dahin hatte ich mit keinem Menschen über meine Erkrankung gesprochen. Es tat gut, ihm alles zu erzählen und schon am nächsten Tag bekamen wir Termine in den uns empfohlenen Kliniken. Wir fuhren gemeinsam dorthin. In der ersten Klinik wagte der Chefarzt die Aussage, daß der Knoten seiner Meinung nach zu 90% gutartig sei und ich seinen vierwöchigen Urlaub abwarten solle, um mich dann von ihm operieren zu lassen.

Die Vorstellung, meine Ängste noch vier Wochen mit mir herumschleppen zu müssen, behagte mir absolut nicht. So fuhren wir zu einer anderen Klinik. Der Oberarzt gab sich viel Mühe, uns alles genau zu erklären. Seine Frage, wann ich mich zu einer Operation entschließen könne, erwiderte ich mit einem klaren »sofort«. So wurde der Operationstermin auf den übernächsten Tag festgelegt.

Als ich am Abend den Kindern mitteilte, daß ich ins Krankenhaus mußte, waren sie sehr betroffen, da sie ja von allen meinen Sorgen nichts mitbekommen hatten. Meine Tochter weinte und ich mußte sie lange trösten. Wir beteten zusammen und das half ihr und mir. Vor der Abfahrt drückte mir meine Tochter zwei Briefe in die Hand. Einen sollte ich vor und den anderen nach der Operation lesen.

Zuversichtlich kam ich in der Klinik an, brachte die erforderlichen Untersuchungen hinter mich und machte dann noch einen ausführlichen Spaziergang. Während dieser Zeit war ich fast ständig im Gebet. Es war nicht ein andauerndes Flehen um Gesundung, sondern ein vertrauensvolles Beten in dem Bewußtsein, daß denen, die Gott lieben, alle Dinge zum Guten dienen. Wie es auch kommen würde, alles lag in Gottes Hand. Ich konnte ganz fest auf meinen Herrn vertrauen, das wußte ich und diese Gewißheit machte mich ruhig, ja fast glücklich.

In meinem Zimmer waren noch zwei andere Patientinnen untergebracht, eine Türkin und eine Frau in meinem Alter. Vor dem Schlafen las ich noch lange in meiner Bibel, danach verbrachte ich eine gutdurchschlafene Nacht und wachte am anderen Morgen ohne Angst vor dem Kommenden auf.

Keine Angst vor der Operation zu haben, war für mich ein Wunder, da mich schon eine Spritze in Angst zu versetzen vermag. Den Brief meiner Tochter las ich, bevor man mich in den OP brachte. Sie schrieb, ich solle mir keine Sorgen machen, sie bete »ganz arg« für mich, würde mich besuchen kommen und sich nicht mit ihrem Bruder streiten. Sie habe mich und ihren Papa sehr lieb und würde alles in meiner Abwesenheit in Ordnung halten. Mit ihren zehn Jahren gab sie sich wirklich alle Mühe, mir Freude zu machen.

Guten Mutes und im Vertrauen auf meinen Herrn kam ich in den OP. Zur Länge der Operation hatte mein Arzt gesagt, daß bei einem bösartigen Knoten die Operation eine halbe Stunde, im anderen Fall etwa zwei Stunden erfordern würde.

Als ich nach der Operation langsam wieder zu mir kam, hörte ich, wie jemand die Uhrzeit nannte. Ich war über zwei Stunden im OP gewesen. Ich hatte Krebs!

Obwohl ich noch benommen war, merkte ich, daß ich meinen Tränen freien Lauf ließ und mir jemand mit einem warmen Tuch zärtlich immer wieder das Gesicht abwischte. Ich erfuhr, daß es die türkische Frau in meinem Zimmer war. Diese Wohltat werde ich nie vergessen.

Als ich wieder ganz wach war, befand sich auch Philipp an meinem Bett. Es war auch für ihn ein gewaltiger Schlag und ich fühlte, daß er mir mit seiner Liebe helfen wollte. Gott hat uns auch die Bewährung unserer Liebe durch diese Krankheit geschenkt. Wir waren uns so nah, wie sonst selten zuvor. Schon durch das Telefon spürte Philipp, daß ich ihn jetzt brauchte und so kam er oft zweimal am Tag, um mich zu besuchen.

Inzwischen hatte ich auch den zweiten Brief meiner Tochter gelesen. Auch dieser Brief war sehr lieb geschrieben, auch unser Junge hatte unterzeichnet und ich wußte, daß beide mich sehr vermißten, und so wollte ich mit Gottes Hilfe versuchen, bald wieder bei ihnen zu sein.

Bei diesem Klinikaufenthalt wurde ich wie nie zuvor in meinem Leben mit Liebe überschüttet. Auch die Krankenschwestern waren sehr fürsorglich und so hatte ich viel Grund zum Danken. Den Besuchern, die zu mir kamen, konnte ich von der Liebe Gottes erzählen, wie Er mir meine Angst genommen, mich wirklich während dieser ganzen Zeit getragen und sich als der gütige, barmherzige Gott erwiesen hatte. Manchmal hatte ich direkt überglückliche Momente, ich hatte Lob und Danklieder auf den Lippen und im Herzen.

Nach zwei Wochen wurde ich aus der Klinik entlassen. In der Zeit meines Aufenthaltes dort hatte ich mich mit allen möglichen Behandlungsmethoden bei einer Krebserkrankung befaßt. Alle meine Entscheidungen, sei es die Wahl des Arztes oder der Behandlungsmöglichkeit brachte ich erst vor Gott. Auf Ihn setzte und setze ich mein Vertrauen und bei allen Wegen, die ich gehen muß, will ich mich nach Seinem Willen richten.

Zuhause wurde ich mit soviel Liebe empfangen, als wäre ich eine sehr lange Zeit weggewesen. Meine Tochter hatte ein großes Willkommensbild gemalt und mit ihrem Bruder die Wohnung geschmückt. Ich empfand die Liebe zu meiner Familie fast schmerzlich.

Eine Woche später fuhr ich bereits zu meinem ersten Bestrahlungstermin. Allein in einem Raum unter der Kobaltbombe, fühlte ich mich doch nicht alleingelassen. Der Herr war bei mir, das wußte ich und manchmal konnte ich Loblieder singen.

Meine Zukunft liegt nun in Gottes Hand und wenn Ängste und Bedenken mich beunruhigen, dann denke ich an all die Wohltaten Gottes und bitte Ihn um Vergebung, daß ich in dunklen Stunden versucht bin zu tun, als ob Er nicht da wäre, Er, der sich mir in Seiner ganzen Liebe erwiesen hat.

»Denn ich bin überzeugt, daß weder Tod noch Leben, weder Engel noch Fürstentümer, weder Gegenwärtiges noch Zukünftiges, noch Gewalten, weder Höhe noch Tiefe, noch irgend ein anderes Geschöpf uns zu scheiden vermögen wird von der Liebe Gottes, die in Christo Jesu ist, unserem Herrn.« (Röm. 8,38,39)

Zum Schutz der Beteiligten wurden einige Namen geändert.

Michael Woge

On the road

On the road I

In einem VW-Käfer fing alles an: Ich saß eingeklemmt auf der Rückbank, jede Menge Gepäck neben mir, darauf eine Baumwurzel: Reiseerinnerung an griechische Inseln von zwei Studenten, die mich »armen« Tramper an der griechischen Grenze erlösten. So ging es also heim, quer durch Jugoslawien, ziemlich eingeklemmt, aber froh.

Und dann nahmen sie LSD!

Einfach so, »ist sonst zu langweilig — die nächsten 800 km — willste auch?«

Puh — ich habe außer Vollsuff keine Ahnung von so was — nicht mal Dope (Haschisch) und die wollen das beim Fahren...! Winzige Gelatineplättchen, »Windowpanes«, wurden halbiert, ich nahm ein Viertelchen — kaum sichtbar — naja, was kann da schon passieren. Und 2 Stunden lang passierte auch nichts.

Wir »flitzten« gerade durch die wilden Schluchten Macedoniens, als es während einer Rast losging: Diese Berge! Diese Schluchten! Alles war außergewöhnlich intensiv. Diese Farben! In Tito Veles gabs Brot kroß wie nie! Die Schoko-Tafeln im Laden sprangen mich regelrecht an in ihrer Pracht!

Übrigens fuhr unser Chauffeur recht gut. Er wäre mit dem Motor richtig verwachsen, hörte ich ihn von vorn tönen, während ich mich in das Spektakel der Lichter in der Dämmerung vertiefte. (Da muß wohl ein Schutzengel seine Hand drüber gehalten haben, daß wir da heil durchkamen). Doch das Stärkste waren in den Pausen die Gerüche der Natur: ein bißchen Erde in der Hand, Pflanzen, eine Blume — so was hatte ich noch nie erlebt...

Mein ganzes vorheriges Leben erschien mir, verglichen mit dieser Ekstase, wie ein graues Dahindämmern: erst Hauptschule, dann 4 Jahre Lehre in Frankfurt Hoechst, dann umgesattelt auf was Soziales, und deshalb war ich gerade in Fürstenhagen bei Kassel auf 'ner Fachschule für Sozialpädagogik.

Dorthin kam ich also aus den Ferien zurück, aufgewacht mit einigen großen Fragezeichen:

Was ist die wirkliche Realität?

Wie ist die Welt tatsächlich? Wie unter LSD?

Im nun folgenden Jahr nahm ich in der Einsamkeit nochmal LSD und versuchte dahinter zu kommen. Vergebens. Seltsam, als ich diesmal die Wirkung spürte, war ein leichtes Grauen dabei (Horror?!) und ich »schützte« mich, indem ich ein christliches Kreuz mit Holzkohle auf mein T-Shirt malte. War wohl ein wenig »weiße« Magie?!

Was mir auf meiner Suche weiterhalf, war die östliche Literatur der Kasseler Stadtbibliothek — also Buddhismus, Zen, Yoga, Lao Tse, Tschuang Tse und deren Lehren: In diesem Kosmos ist alles nur Maya (Einbildung, Theater, ein Film), die wahre Realität ist jenseits der Welt der Sinne — meditiere, um dies zu erkennen! Bewußtseinserweiterung? Ja, aber nicht chemisch, sondern durch Gedankenkontrolle, Übungen — eben Meditation.

Die asiatischen Mystiker kannten sich aus und wurden so meine Lehrer — beschrieben sie doch ähnliche Erfahrungen, wie ich sie unter Drogen hatte: Relativierung aller Eindrücke, Maßstäbe, Normen und Ziele und die

Auflösung bzw. Transzendierung der Persönlichkeit (wer bin ICH?).

Dann war mein Zivildienst dran. Ich ging als Erzieher zu Anthroposophen nach Weckelweiler und Rudolf Steiners Geheimwissenschaft und Erkenntnislehre gab mir einiges zu denken. Aber die chinesischen Weisen waren mir klarer und lieber.

Dann gab es da noch in meinem Leben Tim Leary und sein Psychedelisches Handbuch (»Alles ist nur Spiel«); die Bibel als Orakelbuch; Castanedas Lehr- und Wanderjahre mit Don Juan; Marihuana — wenn es was gab; Erfahrungen in Telepathie; die Zukunft mit Tarotkarten — oder noch besser: J Ging — aber mit Stäbchen, und andere magisch-mystische Zeichendeuterei.

Ein weiser Inder sagte zwar, diese »Sidhi-Kräfte« seien nur Blumen am Wege — der Erleuchtung eher hinderlich — doch mir gefielen diese parapsychologischen Spiele immer besser, weil sie wirklich funktionierten. Bei den Tarotkarten hieß es für mich »Krieg/Kampf« und vom J Ging wurde ich in die weite Welt gesandt (Nr. 11). Als mir ein Astrologe das auch noch sagte, war es wieder einmal so weit: ich schnürte meinen Rucksack mit allerlei »heiligen Büchern« und los ging's — diesmal über Land nach Indien.

On the road again

Das Ziel war klar, jetzt sollte die spirituelle Theorie endlich mal Praxis werden — und dazu mußte man 1976 eben noch nach Indien. Von der Salzburger Autobahngrenze trampte ich los: mit nur einem Auto bis Teheran! Zufall? Führung?

Im damals noch freien Afghanistan gab's vor allem ein Überangebot an Haschisch und die meisten Westler hatten mit dessen reichlichem Konsum genug zu tun. Nur wenige hatten noch weitergehende Interessen, wenige übten Meditation oder betätigten sich kreativ.

Diese »wenigen« aber hatten fast alle irgendwie orange/rote Kleidung, leuchtende Augen und kamen von Poona — oder waren dorthin unterwegs. Sie schwärmten von der »energy« dort, von den befreienden Therapien und natürlich vom Meister: Bhagwan!

Obwohl damals noch fast unbekannt in Europa, hatte ich genug Abschreckendes von anderen Jugendsekten gehört und auch gar keine Lust auf die Verbindlichkeit solch einer Meister-Schüler-Beziehung.

Mein erstes Ziel war der Norden Indiens: Die Sikhs in Amritsar, dann Dharamsala mit den tibetanischen Buddhisten und schließlich Rishikesh am Ganges mit vielen Yogaschulen und Jain-Tempeln. Doch überall fand ich bloß ein starres System von religiösen Praktiken, Zeremonien, Traditionen. Religion ohne Leben — gerade so wie die Kirchen bei uns.

»Lichtblicke« waren wieder überall diese orangen Typen aus Poona — ich fing an, ihre Lektüre zu lesen, Vorträge von Bhagwan — und langsam verstand ich ihre Begeisterung. Da sprühte es nur so von Witz und Weisheit, alle Erkenntniswege der Menschheit wurden hier elegant verbunden, der Zenmeister fand sich auf derselben Seite mit Sigmund Freud und mittelalterlichen Mystikern wieder usw...

Das entsprach schon eher meiner inneren Erkenntnis: Die Mystik aller Religionen führt zum selben Ziel, Erleuchtung, Nirwana, Einssein mit dem Göttlichen — alles das Gleiche. Ja, das paßte gut in meinen Kopf rein!

Zudem hatte ich unter Drogeneinfluß eine Vision: Telefon im Kopf! Bhagwan ruft mich persönlich, wie oft ich mich noch bitten lasse, bis ich zu ihm komm..., er diskutierte mit mir die Vor- und Nachteile der Himalaja-Einsamkeiten und bot mir statt dessen die subtropische Fülle seines Ashrams.

Also gut, überredet. Zwar nicht durch seine Argumente — aber daß er eine so starke Ausstrahlung hatte, über 2000 km hinweg, daß er sich für *mich* interessierte...

In Teufels Küche

Nach 2 Tagen im Zug quer durch Indien dachte ich doch glatt, ER würde mich am Tor mit offenen Armen empfangen — war aber nix.

Ich schlug mein Mini-Zelt im Nachbargrundstück auf (IHM ganz nah), fragte mich durch, was hier möglich sei und wo, und machte bei den angebotenen Meditationen mit — wo's nur ging.

Dynamische Meditation (Hyperventilation und Katharsisschreien)! Sufidance (Mystik durch Kreistanzen)! Kundalini (Schütteltanz, weckt angeblich die schlafende Energie). Mittelpunkt waren jeden Tag die Vorträge des Meisters in leichtem Englisch, die er mit »heiliger Gelassenheit« zelebrierte. Auf einer Marmorterasse, umgeben von einem perfekt gestylten botanischen Garten, 500 Leute und mehr, jung und alt, aus aller Welt, ein Meer von Orange und Rot — in gespannter, absoluter Stille sitzend — das war der Rahmen, in dem ER seine Erkenntnisse und

Eingebungen vor uns ausbreitete. Ohne Konzept, druckreif, 90 Minuten lang.

»Shoes and mind to be left outside the gate!« (Schuhe und Verstand draußen lassen!) stand es auf einer Tafel — und auf diese Weise befreit von allem unnötigen Ballast, konnte seine Predigt auch bei mir wirken.

Ja, sie wirkte wirklich — wenn er von Liebe und Hingabe sprach, spürte man sie im Herzen, sprach er von Erleuchtung, war man selbst nicht fern davon.

Endlich war ich am Ziel, zu Hause, hier war ein Wissender, ein lebendiger Meister, ein Heiliger, einer, der die verdrängtesten Probleme oder Sehnsüchte meines Herzens erkannte, hervorholte und sie sogar als Beispiel in seinem Vortrag einbaute. Ich war nicht der einzige, der manchesmal am Ende solch einer Veranstaltung in Tränen aufgelöst zurückblieb: endlich am Ziel, endlich versteht dich einer.

Doch nicht alles war so glatt und eingängig — ich sträubte mich anfangs gegen den Personenkult, der mich sehr an die Hitlerzeit erinnerte, und — Haupthindernis meiner Entwicklung war scheint's meine Sparsamkeit (Geiz?).

Gab ich doch meine Persönlichkeit bald willig hin (ist eh'bloß Teil der »Maya« und damit unreal), was hing ich also noch am Geld? Hingabe! Surrender! Die Hälfte meiner mühsam gesparten Reisekasse von 2000 DM hatte ich schon umgetauscht und dieser Packen indisches Bargeld brannte mir jetzt förmlich im Beutel auf der Brust.

In jeder Meditation blockierten diese Scheine den Fluß der Energie: »Halt nichts fest — schenk's IHM — gib dich ganz hin — let the energy flow« — tönte es in meinem Kopf.

Das tat ich dann auch — aber nur in Gedanken, in der Wirklichkeit blieb ich fast so sparsam wie zuvor.

Schließlich ließ ich mir eine orange Mönchskutte in der Stadt schneidern, denn ich hatte mich für das Darshan (Privataudienz) angemeldet. Ich wollte Sanyasin werden — ein Eingeweihter, ein Mitglied.

Stand ganz im Anfang meiner Tour noch die Absicht zu lernen, und zwar möglichst unverbindlich, so war das *hier* nicht durchzuhalten. »Nur in einer engen, inneren Liebesbeziehung zu Bhagwan kann deine Entwicklung stattfinden. Nicht Wissen vermitteln, sondern Leben erfahren — nicht Lehre, sondern Transformation ist hier dran!«

Wie weit ich schon nach 10 Tagen umgeformt war, sollte ich jetzt mit Schrecken merken.

Voll innerer Spannung bereitete ich mich also auf meine erste persönliche Begegnung mit dem Meister vor. Eine Vorbedingung für diesen gewichtigen Termin war die absolute Geruchlosigkeit — keine Deo's etc. »Bevor du rein darfst, wirst du beschnüffelt!«

Und stolz war ich! Werden doch nur wenige zur täglichen Audienz angenommen — und ich sollte am 1. Januar 1977 einer davon sein! Was für ein Datum! Ein neues Jahr anfangen, einen neuen Namen sollte ich kriegen und ein neues Leben!! Ich sah mich schon auserwählt als Botschafter für Deutschland... große Aufgaben warteten...

Meine Erwartungen waren gespannt aufs Äußerste. Und was geschah dann am Abend? Sie ließen mich nicht rein!! »No, Mister — You can't go in — no, no explanation!« Und keine Erklärung gab's!

Ein Häufchen Elend — vom »Himmel« herabgestoßen — so saß ich zusammengesackt am Bordstein.
Warum??

»Das Geld — du stinkst noch nach Geld — du hast's nicht fließen lassen!« — das wars, was im Kopf als Antwort übrigblieb.

Zur Erklärung sollte ich vielleicht einfügen, daß ich in den 10 Tagen meines Aufenthalts in Poona eine Art telepathische Verbindung mit Bhagwan hatte — dachte ich zumindest — und auf eben der Wellenlänge kam nun dieser »finanzielle« Bescheid!
Wut, Enttäuschung, Zorn! In mir brodelte es: »Mit mir nicht, so nicht! Schluß mit dem Theater — das hat doch nichts mehr mit Spiritualität zu tun — ich steig aus — genug!«

Doch noch stärker als mein Zorn war Bhagwan's Stimme — zu bleiben, nicht gleich auszuflippen, meine Entwicklung fortzusetzen. Und diese Stimme war mächtig, duldete keinen Widerspruch und nahm allen Raum in meinem Kopf ein.

Puh — nix wie weg hier — das »is too much« — bloß weg aus seinem magischen Einfluß! So wie ich war, floh ich zum Bahnhof — ohne Gepäck und Zelt — die Fahrt mit dem Motorriksha-Taxi wurde zur Horrorfahrt — hat er seine Mafia auf mich gehetzt?

In der vollen Bahnhofshalle kauerte ich in einer Ecke — und gab schließlich auf: Hierbleiben! Auf der Fahrt zurück zum Zelt versuchte ich klare Gedanken zu fassen für einen »geordneten Rückzug«. Doch in meinem Kopf war kein Platz und keine Willenskraft für die Durchführung solcher Pläne. Bhagwan's Kraft war stärker — meine Persönlichkeit war nur noch ein kümmerlicher Rest — unfähig sich durchzusetzen. Wie ein Fahrzeug ohne Bremsen! War ich »hörig« geworden?!

Im Zelt nahm ich vor lauter Wut alle Bilder des Meisters und zerriß sie, auch den Rest meines »Hausaltars« zerstörte ich — dafür langte die Kraft: Bilder von Buddha,

Krishna, Vishnu, Ram, tibetanische Meditationszeichen, u.a., bis auf eines — bis auf dieses eine Bild aus Istanbul.

Eine Postkarte aus der Hagia Sophia — ein byzantinisches Mosaik: Jesus auf dem Thron!

Das war dann doch etwas anderes: irgendwo aus fernen Kindheitserinnerungen leuchtete der edle Charakter von Jesus herüber, »der tät nicht so eine Achterbahn mit mir fahren, der wär nicht so geldgeil — brauchst es also nicht zerreißen...«. Ein schönes Bild, in warmen Farben: Jesus hält ein großes Buch mit der einen Hand und mit der anderen macht er eine beruhigende Segensgeste. »Muß wohl die Bibel sein«, dachte ich — und mir fiel ein, daß so was ja auch in meiner Tasche sein mußte.

Mein Bruder hatte daheim in der Schule ein kleines Neues Testament mit Psalmen geschenkt bekommen (Vielen Dank, ihr Gideons!) und weil er's nicht brauchte, gab er es mir mit. Und ich freute mich, noch ein »heiliges Buch der Menschheit« dabei zu haben. Jetzt kramte ich's von unten aus dem Rucksack raus und schlug einfach irgendwo auf:

»Alle, die vor mir gekommen sind, die sind Diebe und Räuber, aber die Schafe haben ihnen nicht gehorcht. Ich bin die Tür, wenn jemand durch mich eingeht, der wird gerettet werden und wird ein- und ausgehen und Weide finden.
Ein Dieb kommt nur, daß er stehle, würge und umbringe. Ich bin gekommen, daß sie das Leben und volle Genüge haben sollen. Ich bin der gute Hirte. Der gute Hirte läßt sein Leben für die Schafe...«

»Das paßt ja genau — ich versteh zwar nicht, wie Jesus Tür und Hirte zugleich sein kann, aber gerade so, wie unter die Räuber gefallen fühle ich mich auch! Gewürgt, bestohlen — ich dummes Schaf, mich so einem Rattenfänger auszuliefern...«

Ich wollt's nochmal lesen, fand es aber nicht mehr, statt dessen las ich auf einmal in einem Brief des Petrus:

»Es waren aber auch falsche Propheten unter dem Volk, wie auch unter euch sein werden falsche Lehrer, — die neben einführen verderbliche Sekten... und viele werden nachfolgen ihrem zuchtlosen Wandel... und aus Habsucht werden sie mit erdichteten Worten an euch ihren Vorteil suchen...«

Aus Habsucht!

Genau! Ganz genau meine Situation! Sollte das Zufall sein?

Fragend schaute ich das Jesus-Bild an — und langsam wurde mir klar: dieser Jesus lebt ja noch — irgendwo in der geistlichen Welt zwar — aber jetzt gerade will Er mir wohl etwas klarmachen! Also kein Zufall, sondern Sein Eingreifen!

Stark!

Und das Beste von allem: während ich weiterlas, war im Kopf oben Funkstille! Kein Bhagwan, keine Ängste, keine Stimmen — die 2000 Jahre alte Stimme aus der Bibel hatte doch tatsächlich Kraft genug, alles andere zum Schweigen zu bringen!

Was für eine Entdeckung!

Damit konnte meine Flucht gelingen!

Die letzten Jahre meiner geistlichen Odysee hatte ich sehr viele Lehren und Erfahrungen als »göttlich« oder »heilig« bezeichnet. Doch im Vergleich zu diesem inneren Erleben...

Etwa wie verrauchte Kneipenluft im Vergleich zur frischen Nachtbrise — an ersteres gewöhnt man sich ja auch, und nur nach einer »Frischlufterfahrung« stinkt's einem drinnen gewaltig.

Grad so erging es mir! Ein Fenster zum Himmel war aufgegangen!

Diese wirklich göttliche Kraft — ob es Heiliger Geist war? — diese Klarheit von oben — oder besser, aus diesem Buch — das war also »echt heilig« und alles andere doch wohl »des Teufels«.

Kampf um die Freiheit

Noch lange las ich in dieser Nacht und erst mal befreit fuhr ich tag's darauf tatsächlich fort — nach Goa, um dort am Strand alles Erlebte in Ruhe zu sortieren.

Das war gar nicht so einfach, denn der Psychoterror fing jetzt erst richtig an, vor allem durch äußere Geräusche, Stimmen und andere Akustik wurde ich von nun an »belästigt«. Im Kopf waren es Klangreste der täglichen Sphärenmusik aus den Meditationen. Ich sollte nicht in der Bibel lesen! Meine Gedanken wurden wie von einem Magnet nach Poona zurückgezogen. Natürlich sträubte ich mich dagegen! Mit aller verbliebenen Kraft konzentrierte ich mich auf die Worte Jesu oder des Paulus. Sofort wurden die Geräusche und Stimmen bedrohlicher, Männer stritten laut neben meiner Strandhütte, Kinder schrieen, Unfriede und Drohungen lagen in der Luft.

Ja, vor allem Drohungen! Ängste! Solche Gedanken: »Ein Unfall? Kein Problem — machen wir!«

»Verprügelt wirst du! Überfallen und verstümmelt! Hast du den Hippie vorhin gesehen, der mit dem halben Bein? Paß nur auf...!«

Meine telepathischen Fähigkeiten wurden mir jetzt zum Fluch: dieses »Radio im Kopf« kann man ja gar nicht abschalten! Bei meinen Ohren ging das leichter, zwei Ohropaxstopfen (weiche Wachs-Watte aus der Apotheke) rein und ruhig war's. Als ich dann die Psalmen Davids las, kam ich aus dem Staunen nicht mehr raus: dem gings doch ganz genauso!

»Die mir nach dem Leben trachten, stellen mir nach, und die mein Unglück suchen, bereden, wie sie mir schaden; sie sinnen auf Trug den ganzen Tag. Ich bin wie taub und höre nicht, und wie ein Stummer, der seinen Mund nicht auftut. Ich muß sein wie einer, der nicht hört und keine Widerrede im Mund hat. Aber ich harre, Herr, auf dich...« (Ps. 38,13-16)

Ja, ich fühlte mich wirklich von Bhagwans »Geheimtruppe« verfolgt — wohin ich auch kam, überall das gleiche Theater.

»Gott sei mir gnädig, denn Menschen stellen mir nach; täglich bekämpfen und bedrängen sie mich. Meine Feinde stellen mir täglich nach; denn viele kämpfen gegen mich voll Hochmut. Wenn ich mich fürchte, so hoffe ich auf dich. Ich will Gottes Wort rühmen; auf Gott will ich hoffen und mich nicht fürchten. Was können mir Menschen tun?

Täglich fechten sie meine Sache an; alle ihre Gedanken suchen mir Böses zu tun. Sie rotten sich zusammen, sie lauern und haben acht auf meine Schritte, wie sie mir nach dem Leben trachten... Auf Gott hoffe ich und fürchte mich nicht; was können mir Menschen tun?« (Psalm 56, 1-12)

Ich hätte es nicht besser sagen können, jedes Wort beschrieb genau meine Empfindungen! Und ich bekam Hilfe beim Lesen! Nicht nur draußen wurde es langsam still — auch im Kopf war keine Feindesstimme mehr zu hören! Gottes Kraft war in Aktion!

Doch diese Siege währten nicht lange; ließ ich meine Gedanken frei, kamen die alten Geschichten und Ängste zurück.

Dann ging es zurück in den Norden Indiens, in die Großstadt Allahabad. Der anglikanische Priester, der mich dort aufnahm, schien mir ebenfalls in magische Praktiken verstrickt zu sein und konnte mir nicht helfen.

Im Januar 1977 fand auch gerade das große Fest »Kumba Mela« dort statt — eine Art hinduistischer »Kirchentag« und meine Neugier auf all diese Religiosität war damals noch stärker als meine Ängste. Interessant, was ich dort eines Tages entdeckte: Unter all den großen Zelten war ein kleines eingezäunt und mit orangen Flaggen: Hakenkreuze!

Nach einer Weile wurde ein alter, bärtiger Mann, auch in Orange, auf einem Thron vor das Zelt getragen, auf ein kleines Podest. Nun kamen von überall seine »Fans« — aber er redete kein Wort, saß nur da, und lächelte. Und die Geldscheine flogen zu seinen Füßen — bis ein kleiner Berg entstand!

Diesen »Meister« nannten sie den »Shankara Charya von...«. Bekam man auf diese spendable Weise seinen Segen? Und wer nicht spurte — sprich zahlte, — bekam den Fluch? Die hauseigene Mafia auf den Hals?

Noch später, in den Tälern Nepals, verstärkte sich mein Eindruck, daß einige Hindu-Guru's sich mit dieser Masche die Leute aus den Dörfern gefügig machten, sich auf

»religiöse« Art Schutzgelder erpreßten, mit einer Privat-
armee nachts die »schreckliche Göttin Kali« spielten.

*»Ich sah einen Gottlosen, der pochte auf Gewalt und
machte sich breit und grünte wie eine Zeder...« (Ps.37,35)*

Der Hinduismus zeigte mir immer mehr sein wahres Gesicht: Korruption, Angst, Unterdrückung; und als Ehe-
maliger, als »Abtrünniger« bekam ich da scheinbar auch
mein Teil davon ab.

Einbildung? Verfolgungswahn? Realität? Verwirrspiel
der Dämonen? Schwer zu sagen...

Etwas Orientierung bekam ich durch die Mahnung des
Paulus »nicht mit Fleisch und Blut zu kämpfen« (also
nicht gegen Menschen) sondern gegen die »bösen Geister
unter dem Himmel« (Eph.6). Erst jetzt begann ich die
Psalmen geistlich zu verstehen und anzuwenden, die Feinde als »Geistwesen« zu deuten.

*»Wo wir auch gehen, da umgeben sie uns, ihre Augen
richten sie darauf, daß sie uns zu Boden stürzen, gleich-
wie ein Löwe im Versteck... Herr, errette mich vor dem
Gottlosen mit deinem Schwert!« (Ps. 17,11-13)*

Dieses Schwert — »das Schwert des Geistes«, wie Paulus die Bibel nennt, wurde meine Rettung.

Daß ich immer und immer wieder gerade duch Psalmen-
lesen alle Ängste überwinden konnte, gab mir ein unbe-
grenztes Vertrauen in Gottes Wort — ja, in den Urheber
selbst.

*»Er zog mich aus der grausigen Grube, aus lauter
Schmutz und Schlamm, und stellte meine Füße auf einen*

Felsen, daß ich sicher treten kann; er hat mir ein neues
Lied in meinem Mund gegeben, zu loben unseren Gott.
Das werden viele sehen...« (Ps. 40,3 + 4)

Wie wohl meine Freunde und Eltern auf diese Neuig-
keiten reagieren würden?

Nach 5 Monaten auf den Straßen und in den Tempeln
des Orients mit ihrer Gehirnwäsche und diesem totalen
Weltanschauungsumbruch erlebte ich auch noch meinen
ersten Kulturschock:

Die fürsorglich großen Fleischportionen daheim auf
Mutters Mittagstisch. »Siehst du, hätteste mal auf uns gehört, wär dir das Ganze erspart geblieben...« war ihr Kom-
mentar zur Vergangenheit. Und die Bibel, Gott und Jesus?
»Ja, aber mußt du denn in allem gleich so fanatisch sein?«

Zeigten sich meine Eltern also reserviert, war's bei den
alten Freunden eher Ablehnung: »Jetzt ist er auf'm Jesus-
trip — naja...«

War niemand da, der mich verstand? Wo finde ich Menschen, welche die Bibel heute noch ernst nehmen?
Eine neue Suche begann...

On the road II

Im damaligen Wohnort meiner Eltern (Hirzenhain) gabs
zwar den gläubigen Pfarrer Eizenhöfer, der mich gut verstand und akzeptierte, aber was ich brauchte, war eine in-
tensivere Lebensform: eine Art christlicher »Ashram«.

Gnadenthal bei Limburg wurde mir empfohlen, doch
mir erschien's als zu gediegen, zu edel für so'n Tramp wie
mich... da wollt ich nicht bleiben.

Alte Freunde von Naturkost »Rapunzel« meinten, die

Benediktiner täten solche wie mich schon mal zur Betreuung aufnehmen, und so kam ich in mein erstes Kloster: St. Ottilien bei Landsberg.

Zehn erfüllte Tage bei den Mönchen, wo mir natürlich besonders der regelmäßige Psalmengesang und ihre Gastfreundschaft zu Herzen gingen. Gerade durch dieses regelmäßige Leben, die Gemeinschaft und die ernste Frömmigkeit der Benediktiner bekam ich damals eine ziemlich katholische Prägung. Das Thema »Messe/Eucharistie« stand sehr im Vordergrund, war das Allerheiligste und alle guten Kräfte und Heilung wurden von ihr erwartet. Und von Maria!

Pater Fromencius versuchte — nachdem er meine Geschichte kannte — einen kleinen Exorzismus und versorgte mich mit diversen Gebetszetteln gegen Anfechtungen: »Anrufung des Erzengels Michael«, »Anrufung der Mutter Gottes«... Irgendwie doch nicht ganz der biblische Weg, dacht' ich — und fragte nach christlicher Meditation und Versenkung.

Da gab's (gibt's?) als einen »Fachmann«, Pater Beda im Kloster Neresheim, und dort blieb ich die nächsten zwei Wochen. Doch bei ihm — und später auch bei anderen christlichen Meditationslehrern — mußte ich immer wieder eine (pardon) fast naive Offenheit für östliche Lehren feststellen. Und da war ich ja ein »gebranntes Kind«!

Auch Eutonie, Tiefenentspannung usw. erinnerten mich zu sehr an Poona-Praktiken. Also wieder nichts!

Ob Franziskaner den besseren Weg haben?

Der Franz von Assisi...? Bei Bruder Mederlet in Craheim fand ich viel menschliche Wärme und einen reichen Erfahrungsschatz — aber auch wieder diesen katholischen Kult ums Abendmahl, viel Weihrauch, Gewänder, Heiligen-Litanei, »Maria, ich dich grüße...«. Ach, da war und blieb einfach ein zu großer Abstand zur Bibel — zu diesem Buch, das doch jetzt in allem mein Ratgeber und Wegweiser sein sollte:

»Wer weitergeht und bleibt nicht in der Lehre Christi, der hat Gott nicht ...«! (2. Joh.9)

Wahrheit — statt Zeremonien

Nach dieser Tour fand ich in einem Vorort Tübingens Wohnung und eine Arbeit als Fahrer für Arzneimittel, und erst ein Jahr nach meiner Indienzeit hatte ich wieder Kraft genug, in meinen Erzieherberuf einzusteigen.

Zwanzig Kindern im Kindergarten von Meisenheim/Pfalz durfte ich Liebe und Orientierung geben. Ich selbst bekam sie auch: durch Bibelstunden der Liebenzeller Mission.

Hier fand ich endlich ein Christentum, das treu am Wort der Bibel blieb, (»s'isch doch heilig und von Gott inschpiriert...«) und erst hier wurde mir auch durch verschiedene Prediger die zentrale Bedeutung des Opfertodes Jesu nahegebracht. Hätt' ich das doch bloß ein Jahr früher schon begriffen, ich wär viel schneller und dauerhafter aus diesem satanischen Einfluß vom Bhagwan rausgekommen.

Erst mal mußte ich verstehen, wie extrem der Gott Israels, der Gott der Bibel, alle magisch-okkulten Praktiken ablehnt:

»...daß nicht jemand unter dir gefunden werde, der seinen Sohn oder seine Tochter durchs Feuer gehen läßt oder Wahrsagerei, Hellseherei, geheime Künste oder Zauberei

treibt, oder Bannungen oder Geisterbeschwörungen oder Zeichendeuterei vornimmt oder die Toten befragt. Denn wer das tut, der ist dem Herrn ein Greuel...« (5. Mose 18, 10-12)

Nicht nur was er tut — die Person selbst ist dem Herrn ein Greuel (abscheulich)! Und Jesus warnte uns:

»Denn es werden falsche Christusse und falsche Propheten aufstehen und große Zeichen und Wunder tun...« (Matth. 24,24).

Diese Zeichen und Wunder sind scheinbar das »Handwerkszeug« jeder antichristlichen Bewegung und haben ihren Ursprung eindeutig beim Satan und seinen Dämonen:

»Der Böse aber wird in der Macht des Satans auftreten mit großer Kraft und lügenhaften Zeichen und Wundern!« (2.Thess. 2,9)

Da läuft also ein Kampf in der geistigen Welt und ich stand jahrelang auf der falschen Seite! Krieg gegen Gott, Aufstand gegen den Schöpfer des Kosmos! Gegen den rechtmäßigen Besitzer und König des Weltalls!
So etwas bleibt nicht ungestraft:

»Die Feigen aber und Ungläubigen und Frevler und Mörder und Unzüchtigen und Zauberer und Götzendiener und alle Lügner, deren Teil wird in dem Pfuhl sein, der mit Feuer und Schwefel brennt; das ist der zweite Tod.« (Offb. 21,9)

Wenn das wahr ist — wie kann ich dem entkommen, wie fang ich dann neu an?

Nur ein einziger Weg der Versöhnung mit Gott steht offen: ein Anderer, ein Unschuldiger übernimmt meine Schuld, die mir bestimmte Strafe, und »bezahlt«. Dann wäre ich frei! Dieses »Versöhnungs-Konzept« ist eindeutig Gottes Plan: Im alten Tempel Israels war es das unschuldige Lamm, das zum Sündenbock gemacht — und dann getötet werden mußte.

Heute gilt Gottes Angebot weltweit: »Siehe, das ist Gottes Lamm, welches der Welt Sünde trägt!« (Johannes der Täufer über Jesus in Joh. 1.29)

Schon 700 Jahre vor der Geburt Christi hat der Prophet Jesaja den Tod Christi genau beschrieben:

»Aber er ist um unsrer Missetat willen verwundet und um unserer Sünde willen zerschlagen. Die Strafe liegt auf ihm, auf daß wir Frieden hätten, und durch seine Wunden sind wir geheilt.« (Jes.53,5)

Das also ist die wirkliche Bedeutung des Leidens und Sterbens Jesu! An meiner Statt! Für mich!

Jetzt erst, nachdem ich das verstanden hatte, mit diesem Tausch einverstanden war und im Gebet alle Schuld meiner Vergangenheit auf Jesus »abwälzen« konnte — jetzt erst war ich richtig frei! Hatte Frieden mit Gott! Segen und Kraft von oben — und damit gab's keine Chance mehr für die Kräfte Satans und seiner Dämonen!

Frei! Gott sei Dank! Das ist doch mal eine richtig gute Nachricht — oder?

Und anderen das weiterzusagen wurde von nun an meine liebste Beschäftigung, meine Lebensaufgabe — anderen Menschen diesen »Rettungsweg« zu zeigen.

Seither wurde ich oft gefragt, warum ich mir nun so sicher bin, diesmal nicht »verführt« zu sein, jetzt wirklich die Wahrheit gefunden zu haben — die absolute, für alle Erdenbewohner gültige? Diese und andere Fragen brachten mich schließlich auf eine Bibelschule. Zwei Jahre in Seeheim zeigten mir dann noch viel mehr von den in der Bibel verborgenen Schätzen, Prinzipien und Ordnungen, von Gottes Plänen und Absichten.

Wer einmal das Thema »Geschichte der Juden: Prophetenworte und deren exakte Erfüllung« anhand der Bibel studiert, erhält einen wissenschaftlich fundierten Beweis für die Wahrheit und Zuverlässigkeit dieses Buches und seines »Autors«!

Gleiches gilt von dem, was über die Geburt, das Leben und den Tod Jesu vorhergesagt wurde!

Als ich ein Jahr in Israel wohnte, waren genau das meine Gesprächsthemen mit den jüdischen Bewohnern. Auch für mich selbst wurde dieses Studium der Propheten ein festes Fundament meines Glaubens — neben meinen »indischen« Erlebnissen.

»Keine Zweifel?« Nein, diese Beweise sind einfach zu stark! Nur ein Gott, der wirklich ewig ist — über aller Zeit stehend — kann 2500 Jahre und mehr überblicken und seinen Propheten offenbaren.

Woher sonst sollten sie ihr Wissen haben?

So hat dieser lebendige Gott mir also wirklich »ein neues Lied in meinen Mund gegeben«, einen neuen Lebenssinn: als Jünger Jesu und Botschafter an Seiner Statt alle zu bitten:

»Laßt euch versöhnen mit Gott!« (2.Kor.5,20)

Uwe Martin Schmidt

»Wacht auf, Verdammte dieser Erde...«

»Sie hat uns alles gegeben,
Sonne und Wind, und sie geizte nie,
wo sie war, war das Leben,
was wir sind, sind wir durch sie.
Sie hat uns niemals verlassen, fror auch die Welt,
uns war warm.
Uns schützte die Mutter der Massen,
uns trägt ihr mächtiger Arm.

Die Partei, die Partei, die hat immer recht,
und, Genossen, es bleibe dabei;
denn wer kämpft für das Recht, der hat immer recht
gegen Lüge und Ausbeuterei.
Wer das Leben beleidigt, ist dumm oder schlecht;
wer die Menschheit verteidigt, hat immer recht.«

50.000 DM Belohnung!

Am Postschalter einer bundesdeutschen Stadt stehe ich geduldig in der Warteschlange. Mein Blick schweift über das Gesicht des Postministers, der von einem Werbeplakat herunterlächelt, als hätte er gerade den großen Preis in einer Tombola gezogen. Daneben wirbt die Sportlerhilfe für den Kauf von Wohlfahrtsmarken. Und dann ist da noch das Plakat, das auch in jeder Stadt des »Wilden Westens« hängen könnte:

»Terroristen! 50.000 DM Belohnung!«

Mit deutscher Gründlichkeit und einem Filzstift hat ein Postbeamter über einige der erkennungsdienstlichen Fotos ein dickes Kreuz gemalt, als hätte er die betreffenden Verbrecher höchstpersönlich zur Strecke gebracht. Niemand — mit Ausnahme des Beamten — interessiert sich für diese finstere Galerie des politischen und menschenverachtenden Terrorismus.

Mit der Menschenschlange rücke ich immer näher an das Plakat heran. Für mich ist es nicht belanglos; meine Augen überfliegen die Steckbriefe mit den Altersangaben: 34 Jahre alt, 30 Jahre alt... — mein Geburtsjahrgang ist nun auch vertreten. In der Terrorszene hat sich der Generationswechsel vollzogen. Beklommen stehe ich nun vorne am Schalter und fast erleichtert registriere ich, daß keiner meiner ehemaligen Bekannten und Schulkameraden, die mit mir ein politisch-ideologisches Umfeld teilten, unter den Gesuchten ist.

In der Glasscheibe des Postschalters spiegelt sich mein Gesicht neben der Überschrift des Steckbriefes und mein Magen zieht sich zusammen, wenn ich daran denke, daß ich auch hier hängen könnte, aber da werde ich wieder froh, atme durch: ... hängen könnte, wenn nicht...

»Junger Mann, sie sind dran...«

Die Postbeamtin lächelt mich an, als wenn sie meine Freude verstehen könnte. »Zwanzig Wohlfahrtsmarken zu einer Mark bitte!« Dabei wollte ich gar keine Wohlfahrtsmarken kaufen.

Schweinchen Dick

Wie wird man Anhänger einer politischen Idee, einer Philosophie oder Ideologie? Wie kommt ein gerade konfirmierter Junge aus normalem Elternhaus dazu, abends auf Kurzwelle »Radio Tirana« die kommunistischen Propaganda-Sendungen des KBW in deutscher Sprache zu hören und bei den revolutionären Liedern feuchte Augen zu bekommen?

»Pubertäre Erscheinungen« würde ein Psychologe sagen. Dazu noch Einzelkind und Einzelgänger ohne echte Freunde. Einsam, dick und unsportlich. Es tat weh, wenn sie »Schweinchen Dick« riefen und ich hätte manchmal lieber auf die guten Noten und das Lesen von ungezählten Büchern verzichtet — dem einzigen Feld, auf welchem ich Überlegenheit demonstrieren konnte — wenn ich mit den anderen Jugendlichen hätte losziehen können. In jedem Fall habe ich heute ein großes Verständnis für Leute, die gehänselt wurden und werden.

Mein Interesse für politische und gesellschaftliche Fragen nahm immer mehr zu, was durch die Tatsache verstärkt wurde, daß die Lehrer an meiner Gesamtschule durchweg frische »68er« waren, die den Gang durch die Instanzen angetreten hatten und ein Schwergewicht auf Gesellschaftskunde und Faschismusbewältigung legten. Viele hatten noch den Geruch der Studentenunruhen an sich und wußten, was sie politisch erreichen wollten, oder träumten noch den Traum der Revolution.

Sylvia Gingold und der 1.Mai

Obwohl ich Sylvia Gingold nie gesehen habe, hätte ich für sie den letzten Einsatz gegeben. Sie war eine von jenen, die unter die »Berufsverbote« fielen. Ihre jüdischen Eltern hatten im KZ gelitten und nun wurde auch die kommunistische Tochter Opfer des »faschistischen Schweinestaates«; so sah ich das damals, und dieses Schicksal berührte mich ganz tief.

Dazu kam, daß mein Vater nach fünfundzwanzig Jahren harter Maloche ohne eigene Schuld seine Arbeit verlor. Ohne zwingenden Grund hatten anonyme Kapitalisten ein Zweigwerk stillgelegt und 900 Leute auf die Straße gesetzt. Ich sah die Männer weinen und in ohnmächtiger Wut ohnmächtige Fäuste ballen. Die einzigen, die sich wirklich einsetzten, waren die Leute aus der K-Szene. Für mich waren es Helden und erst später lernte ich, daß es Arbeiterverräter waren, denen es nur darum ging, mit dem Schmerz der Familienväter ihre ideologische Suppe zu kochen.

Und dann ein 1. Mai, die erste Demo meines Lebens. In einer K-Zeitung gibt es ein Foto dieses Tages: An der Spitze ein Sarg, der für das geschlossene Werk stand, dahinter die arbeitslosen Arbeiter und neben mir der K-Führer und ehemalige KZ-ler H.U. Mit einer unsagbaren Wut zum erstenmal Parolen geschrien, zum erstenmal nicht mehr stumm und nicht mehr allein, zum erstenmal ein Sinn, ein Ziel, für das es sich lohnt zu leben und zu sterben. Für das Recht der Unterdrückten zu kämpfen, Solidarität der Entrechteten, den Stummen eine Stimme zu geben, die Fahne aufzunehmen... »Wacht auf, Verdammte dieser Erde...«

Die Gefühlsdroge

Von Natur aus bin ich träge, aber wenn ich einmal von einer Sache überzeugt bin, dann setze ich bis heute alles daran, sie durchzuziehen und praktisch zu verwirklichen. Mir reichte es nicht, einige Gefühle für die Entrechteten dieser Erde zu haben, nur ein paar Worte zu verlieren. Sonntagsredner und Labertaschen, welche nicht die Tat den Worten folgen lassen, waren mir schon damals ein Greuel. Es muß doch 'was getan' werden, man kann doch nicht tatenlos zusehen, wie Menschen entrechtet und von den Mächtigen kaputtgemacht werden...

In den Parteien fand ich keine Heimat. Brandt und die sozialdemokratische Linke hatten sich mit dem »System« eingelassen und waren keine Alternative. Überall nur Soziologengeschwätz, nichts ändert sich und die Arbeiter und alle Notleidenden, das hatte ich hautnah erlebt, waren nicht in der Lage, selbst etwas zur Veränderung ihrer Situation beizutragen. Mit guten Worten und einer Abfindung wurden sie entlassen: »Der Mohr hat seine Schuldigkeit getan, der Mohr kann gehn...«

Nein, so sollte es mir und anderen nicht ergehen, und die anderen mußten überzeugt werden, daß das Maß voll war und man etwas unternehmen mußte.

Wieviele Verbrechen, wieviele Kurzschlußhandlungen, wieviele Irrwege und Todespfade werden wohl mit dem Satz begonnen: »Jetzt reicht's«?

Du hast das Gefühl, wenn du jetzt nicht etwas machst, dann macht keiner mehr was. Und dann wird dieses Gefühl bestimmend und deine Gedanken und Handlungen bekommen vom Bauch her ihre Orientierung. Letztlich ist es dann egal, ob Ohnmacht, Wut, Haß, Enttäuschung, Trauer, Liebe oder Gier nach irgendwas dein Leben bestimmt, wenn du nach deinen Gefühlen dein Leben gestaltest, wirst du ein Sklave deiner Hormone. »Liebe macht blind«; so blöde dieser Satz ist, er stimmt. Mit allen extremen Gemütsbewegungen ist es wie mit einer Droge: solange du drauf bist, holt dich keiner raus und keiner runter, da helfen keine Argumente und keine Gewalt, und auch diese Zeilen, so wahr sie sind, werden kaum etwas ändern.

Auch ich war nicht in der Lage, auf irgend etwas anderes zu hören, als auf mein Herz, meinen Bauch und die Wut, die darin war. Ließ dann die Wirkung der »Droge« nach und ich fragte mich, was bringt das eigentlich und was hat das alles für einen Sinn, dann genügte ein Blick in die Tageszeitung, eine Episode aus Walraffs »Arbeiter«, ein Anti-Kriegsgedicht von Borchert, ein Bild der KZ-Opfer, und es dröhnte wieder weiter und neue Kraft war da, so wie es der Dichter Louis Fürnberg in seinem Lied von der Partei beschreibt:

»Sie hat uns niemals geschmeichelt;
sank uns im Kampf auch mal der Mut,
hat sie uns leicht nur gestreichelt,
zagt nicht, und gleich war es gut.
Zählt denn auch Schmerz und Beschwerde,
wenn uns das Gute gelingt,
wenn man den Ärmsten der Erde
Freiheit und Frieden erzwingt?«

Ich schreibe diesen Bericht für alle, die ihre Lebenskraft, ihren Lebenswillen und ihre Energie aus dem Gefühl heraus bekommen und dazu verdammt sind, sich immer wieder neu selbst zu motivieren und anzuregen — das selbstgesteckte Ziel vor Augen zu halten, um nicht ins sinnlos Bodenlose zu versinken.

Ich kenne dieses Überlebensspiel zur Genüge, und da sind wir uns doch sicher einig: Es spielt absolut keine Rolle, ob du dich mit dem Gedanken der Weltrevolution und Menschenbefreiung zum Leben motivierst; ob der kleinkarierte Angestellte dadurch lebt, daß er sich bis zur Selbstverleugnung für die Firma abstrampelt, weil er das Gefühl hat, für seine Familie etwas leisten zu müssen; ob es ein Nazi war, der noch '45 im Bombenhagel und im Anmarsch der alliierten Heere die Kraft zum Kampf hatte, weil er an die Parolen vom Endsieg glaubte und glauben mußte, weil sie sein Leben und Morden bestimmt hatten; ob es eine religiöse Idee oder kirchliche Lehre ist, die Menschen dazu bringt, übermenschliches zu leisten, weil sie das Gefühl haben, für eine gute Sache zu leben, oder ob es der Knacki ist, der nur deshalb noch nicht Schluß gemacht hat, weil er draußen eine offene Rechnung hat und das Haßgefühl zum ausfüllenden Zellen- und Lebensinhalt wird...

So unterschiedlich die Motive sind, mit denen man sich das Gefühl erhält, nicht umsonst und sinnlos sein Dasein zu fristen, eins ist allen Überlebenskünstlern gemeinsam: In dem Moment, wo das überragende und bestimmende Gefühl in dir keine Nahrung mehr erhält oder entfällt, stürzt du in die Sinnlosigkeit, und alles ist aus. Deshalb bist du gezwungen, dir immer neue Argumente einzureden, warum deine Lebensentscheidung die einzig richtige und unbedingt wichtige ist. Deshalb gehst du immer weiter auf dem einmal eingeschlagenen Weg, und kein Mensch und keine negativen Folgen, geschweige denn gute Worte, werden dich aufhalten. Du mußt gehen, du mußt weitermarschieren, du mußt, und wenn es über Leichen geht. Du kannst tausend gute und miese Gründe nennen, warum du so lebst, wie du lebst, und nicht anders; ich selbst habe mir und anderen die besten Argumente und Begründungen genannt, für was und wen ich etwas mache und warum es sein muß. Letztlich wollen wir nur unser eigenes Leben erhalten. Wir wissen, wenn wir die bestimmende Kraft, Idee, Religion, oder was es auch sei, verleugnen würden, müßten wir uns selbst verleugnen; es ist nicht eine Ideologie oder ein Lebensziel, das wir aufgeben müssen, sondern uns selbst. Und wer ist schon bereit, sich selbst den Saft abzudrehen, der die Maschine am laufen erhält?

Der realexistierende Sozialist

Charly Marx irrt gründlich, wenn er sagt, daß das Sein das Bewußtsein bestimmt, daß die äußerlichen Lebensumstände und Zustände dein Leben prägen und deine Motive bestimmen. Das heißt: bei veränderten Verhältnissen verändern sich auch die Menschen und ihre Handlungen. Bei jeder Gerichtsverhandlung findet sich heute ein Psychologe, der die Handlungen des Angeklagten aus seiner Erziehung, Entwicklung und Umwelt ableitet, um für ein niedrigeres Urteil zu plädieren.

Das ist ja ganz nett und ich gönne jedem ein paar Jährchen weniger. Aber genau das Gegenteil ist wahr: das Bewußtsein bestimmt das Sein. Mein Lebensinhalt, mein wie auch immer ausgerichtetes Ich, prägt und beeinflußt die Welt in der ich lebe und wirkt sich aus auf meine Mitmenschen. Nicht meine äußeren Lebensumstände sind entscheidend, sondern mein Bewußtsein — aus meinem Herzen kommen die Gedanken und Handlungen heraus, die das Sein, die Umwelt bestimmen.

Nicht die kaputte Welt schafft kaputte Menschen, sondern kaputte Menschen produzieren eine kaputte Welt. Kein Mensch, der noch einigermaßen richtig tickt, würde behaupten, die vergiftete Nordsee sei schuld daran, daß die Menschen schädliche Abwässer einleiten; die Wirkung kann doch nie verantwortlich sein für die Ursache...

Nein, Charly Marx, mein Bewußtsein, mein Ich, mein Leben, mein Denken und meine Gefühle sind verantwortlich für meine Handlungen.

Diese Erfahrung habe ich über Jahre hinweg gemacht. Als ich einen bestimmenden Lebensinhalt im Sozialismus und in der Weltverbesserung gefunden hatte, entwickelten sich aus mir heraus die Gedanken und Handlungen, die nun mein Leben bestimmten — folgerichtig, konsequent, bewußt und ohne Rücksicht auf Verluste.

Ich fing mit Gleichgesinnten an, in der Schule etwas zu organisieren. Mir war klar, daß der Einzelne nichts erreichen kann, und so fand ich meine Hauptaufgabe darin, Mitschüler zu überzeugen, zu motivieren und anzustacheln, den Kampf gegen die Unterdrückung und Ausbeutung aufzunehmen. Mit Überzeugungskraft ging ich ans Werk, besessen von dem Gedanken, etwas Bedeutendes, ja Weltentscheidendes durchzuführen.

Das mag kindlich und lächerlich klingen, aber lächerlich wirkten für mich die Altersgenossen, die mit Fußball, Freundin und Clique zufrieden waren. Wie klein war ihr Horizont, was für ein erbärmliches Bild gaben sie ab. Sie suchten nach Orientierung, und ich war bereit, ihr Vakuum auszufüllen. Ohne Theorie, ohne Marx und Konsorten gelesen zu haben, wurde ich tätig. Schnell und spielend lernte ich, wie man Leute auf seine Seite zieht, wie man überzeugt, wie politische Agitation gemacht wird, ohne den Begriff zu kennen. Einfluß gewinnen, egal mit welchen Mitteln: anschleimen, drohen, lügen, weinen, schreien. Alles ist gut, wenn es der »Sache« dient, und die »Sache« war doch gut und damit jede Handlung berechtigt, »...denn wer kämpft für das Recht, der hat immer recht gegen Lüge und Ausbeuterei...«.

Ich war selbst erstaunt, wie leicht man die Leute belabern kann und sie zu willigen Erfüllungsgehilfen werden. Was Demagogie bewirkt, wurde ganz praktisch, als ich Schulsprecher wurde. Obwohl andere Kandidaten älter waren, gelang es mir durch Versprechungen, Intrigen und Verleumdungen, mich durchzusetzen. Damals hielt ich in der Turnhalle vor Lehrern und Schülern meine erste »Rede« und bekam ein Gefühl dafür, welche Macht in den Worten liegt und wie leicht die Leute zu manipulieren sind. Ein Buch, »Manipulieren — aber richtig«, das ich von einem Lehrer bekam, bestätigte mich auf meinem Weg und wurde zu meiner Lieblingslektüre.

Dann gründete ich eine Schülerzeitung, die großes Aufsehen erregte. Obwohl ich die Fäden in der Hand hatte, benutzte ich andere Schüler, um das zu schreiben, was für mich wichtig war und meine Position und meine Absicht stützte. Das wurde zur Methode. Ich selbst blieb im Hintergrund und schob die anderen vor, damit ich sauber blieb; andere holten die Kastanien aus dem Feuer und waren auch noch dankbar für die Verantwortung, die ihnen übertragen wurde. Ich hab' mich kaputtgelacht über diese Hansis und Kofferträger. Hatten sie sich dann die Finger verbrannt, war ich sofort bereit, sie fallenzulassen, mich gegen sie zu stellen und durch den nächsten Dummen zu ersetzen. Wenn die jungen Leute daran zerbrachen, störte mich das nicht.

So lernte ich — um selbst Vorteile zu haben und am Drücker zu bleiben — sogar auf die eigenen Positionen zu verzichten und mich je nach Lage zu arrangieren. Da wurde auf Landesebene ein Schulstreik organisiert und ich heizte die Leute an und machte sie scharf dafür. In Wirklichkeit hatte ich nur die Absicht, kurz vor dem Streik der

Schulleitung entgegenzukommen, um mich als den großen Schlichter zu präsentieren. Der Plan ging auf und meine Machtposition festigte sich. Lüge, Taktik, falsche Fassade, das war mein Leben. Wieviele Menschen ich in meinem Wahn mitverführt, verbogen und kaputtgemacht habe, weiß ich nicht.

Besonders erinnere ich mich aber an einen konservativen Lehrer, der auch von seinen Kollegen wenig gelitten war und dem wir mit einem bösen und verleumderischen Zeitungsartikel den Rest gegeben haben, indem wir ihn als GRÖFAZ in die Naziecke steckten. Der Mann hat sich nie mehr davon erholt und mußte den Schuldienst quittieren. Es gibt Dinge, die kann man nie mehr gutmachen.

Auch äußerlich haben wir mitgenommen, was wir kriegen konnten; schließlich lebt ja der Mensch nicht von der Politik allein. Wer sich selbst und andere mit Worten betrügt, der schreckt auch nicht vor Geldbetrug zurück. So habe ich z.B. die Quittungen über die Anzeigeneinnahmen der Schülerzeitung frisiert, damit für die Redakteure immer eine große Fete heraussprang.

Genug davon; ich bin aus eigener Erfahrung fest davon überzeugt, daß ein Mensch zu jeder Tat fähig ist und daß es dabei keinen Unterschied macht, ob einer reich oder arm, religiös oder böse ist. Ganz tief in uns drin sitzt der versklavende Wille, für uns selbst das Beste rauszuholen und da ist uns jedes Mittel recht.

An mir selbst hat sich in diesen Jahren der konsequent-verhängnisvolle Weg jeder Idee, Ideologie oder Religion vollzogen, der am Anfang voller Ideale und Träume ist und damit endet, daß es nur noch um die eigene Macht, um das Absichern der persönlichen Vorteile geht. Was im

Osten Europas jetzt im Großen offenbar wird, vollzieht sich millionenfach auf der ganzen Welt: man fängt voller Hoffnungen an, einem Lebensideal nachzujagen und stellt am Ende fest — wenn man es überhaupt merkt —, daß alles doch nur dazu diente, für sich selbst gut über die Runden zu kommen. Auch für mich waren die Weltverbesserungsideen und -gefühle nachher nur noch Makulatur und bestenfalls Alibi meines Handelns — ganz deutlich wurde das im Verhältnis zu meinem Vater. Am Anfang war ich ja voller Mitgefühl und Solidarität für ihn und seine Lage; am Ende war er für mich nicht mehr Opfer, sondern Täter, und ich weiß nicht, wie oft ich ihm »Nazi« oder »Faschist« ins Gesicht geschrien habe. Wie schizophren das alles war, merkte ich aber noch nicht.

Agitprop

Nach und nach lernte ich die »richtigen« Leute kennen. Über die Schülervertretung kam man herum, machte auf sich aufmerksam und man wurde auf mich aufmerksam. Kontakte entstanden und ich lernte das, was man »linkes Spektrum« nennt, von innen kennen.

Bis auf den Verfassungsschutz in Köln weiß doch kaum einer, was im sog. »terroristischen Umfeld«, »der Anarchoszene«, oder wie man es auch nennen will, vor sich geht. Wer sich hinter diesen Strukturen und ihren Führern Bomben bastelnde und Molotowcocktail füllende Revolutionäre in dunklen Kellerräumen vorstellt, hat zuviele Romane gelesen.

Natürlich gibt es die Randalierer, Demonstranten, Bombenleger, Fahnenschwenker und Parolenschreier, aber sie sind willige Erfüllungsgehilfen von Leuten, die sich selbst die Finger nicht schmutzig machen. Die Hintermänner führen ein ganz normales Leben in den oberen Gesellschaftskreisen als Ärzte, Anwälte, Lehrer, oder was es auch sei. Mit einem Gläschen Champagner in der Hand und völlig unkonspirativ, schaffen sie die theoretische Grundlage und die verbale Agitation, um über verschiedene Kader nach unten zu arbeiten. Ganz bewußt werden so Strömungen und Unmutsgefühle der Menschen ausgenutzt, um diese dann zu kanalisieren, Reaktionen hervorzurufen und Aktivisten zu rekrutieren; es wird Stimmung gemacht. Der arme Kerl, der dann auf der Demo einen Stein wirft und meint, er würde für eine gute Sache einstehen, wenn er dafür in den Knast kommt, weiß gar nicht, daß er nur Handlanger von Leuten ist, die selbst strafrechtlich unanfechtbar sind, weil Gedanken nicht strafbar sind und niemand zu etwas gezwungen wird.

Ich kann nur jedem raten, der mit Wut oder Freude im Bauch irgendeiner Ideologie, einer Idee oder Religion nachgeht und für eine »Sache« handelt, doch einmal genau zu checken, inwieweit das Handeln noch von ihm selbst bestimmt wird, oder ob er ein Geführter ist, der nur durch geschickte Sachzwangargumente eines Agitators »vorgeglüht und am Laufen gehalten wird«.

Die Krise

Eigentlich ging es mir ja gut. Äußerlich war alles in Ordnung, durch geschicktes taktieren und den Aufbau eines Doppel- und Mehrfachlebens, je nachdem es für mich günstig erschien, war ich gut durchgekommen. Im Heimatort der liebe, brave Junge, bei den Lehrern angepaßt und schulisch erfolgreich, unauffällig und dazu noch die Befriedigung, für die »Sache« schlau und geschickt einzutreten.

So hätte ich weiterleben und -agitieren können, hätte wie andere sogar einen angesehenen Beruf ergreifen und aus dem Hintergrund die theoretischen Führungsgrundlagen schaffen können, die andere Menschen ins Verderben gestürzt hätten. Durch meine Kontakte und jahrelange Übung schien alles vorgezeichnet, aber es sollte anders kommen.

Irgendwann schaust du dich im Spiegel an und überlegst, ob du den Typen kennst, der dich dort mit fragenden Augen ansieht; irgendwann fängt es an im Kopf zu ticken — erst ganz leise, dann immer lauter. Du gehst durch die Stadt, und alles ist wie immer, du redest wie immer, handelst wie immer, siehst dieselben Leute wie immer, aber in dir ist alles anders, und dein Hirn wird größer und größer; du meinst, das sei ein Traum — dabei ist es der Anfang vom Wachwerden. Du verdrängst es, aber es kommt wieder: tick — tick — tick und begleitet dich überall hin.

Ich konnte der Frage, wer ich wirklich bin, nicht mehr ausweichen. Ich sah mir zum erstenmal mein eigenes Leben an und brach zusammen; konnt' nicht mehr weiter, konnt' nicht mehr weg. Nicht das, was ich getan hatte, machte mir zu schaffen, sondern was und wer ich war.

Ich erkannte, daß ich das Opfer meiner eigenen Demagogie geworden war. Derjenige, den ich am meisten belogen hatte, war ich selbst. Ich hatte doch schon längst die edlen Ziele der Weltverbesserung aufgegeben. Es war alles ein Gewirr einzelner Lügen, mit denen ich mir ein Alibi und einen Lebenssinn verschaffte. Ich hatte nicht nur anderen Leuten, sondern mir selbst etwas vorgespielt. Jetzt zog ich mir die Masken 'runter und enttarnte mich selbst.

Es kam nur Lüge und Halbheit und Bruch heraus. Nichts war ganz, nichts echt und konsequent.

Ich bin noch nie mit einem Hochhausaufzug abgestürzt, bei dem die Seile gerissen sind, aber das Gefühl, das man dann haben muß, kann ich nachempfinden. Mit meinen ganzen Fassaden und Lügen stürzte mein Leben in Sekundenschnelle in sich zusammen und als ich aufknallte und wieder einen klaren Gedanken fassen konnte, war mir klar: Nie wieder will ich mich selbst belügen; was ich ab jetzt mache, mache ich ganz und radikal! Ein verlogenes, selbstbetrügerisches Doppelleben läuft nicht mehr. Nicht eine Minute, nicht mit mir!

Rien ne va plus

Nüchtern durchdachte ich die Alternativen, die mir für ein konsequentes Leben blieben. Entweder mußte ich ganz in der Ideologie aufgehen, radikal und ohne bürgerliche Rückversicherungen, wie es auch zwei meiner Bekannten getan hatten, die gerade abgetaucht waren und alle Brücken hinter sich abgebrochen hatten, oder eben radikal Schluß machen mit einem Leben, das keinen Sinn und keine Motivation mehr hatte. Eine ganze Sache sollte es sein, das war ich mir schuldig.

Die Möglichkeit, ohne Lügen und ohne Schauspielerei auf einem normalen Weg herauszukommen, schien mir undenkbar. Zu oft hatte ich mein »Fähnchen nach dem Wind gehängt«, wie sollte ich mir und anderen plötzlich glaubhaft machen, daß die neue Wendung echt war, und was würde es für Konsequenzen haben, wenn ich all das Vergangene aufdeckte?

Außerdem zieht man sein bisheriges Leben, mit seinen Ideen und Inhalten, nicht aus wie einen Mantel. Ich hätte konsequenterweise zu einem Verräter werden müssen; da gibt es menschliche Bindungen und Verbindungen, gemeinsame Erfahrungen und Erinnerungen...

Das alles und mehr schoß mir durch den Kopf und hinterließ doch nur Leere und ausweglose Verzweiflung. Jetzt war ich am Ende, ... rien ne va plus.

Man sagt, daß in Extremsituationen der Mensch auch zu extremen Leistungen fähig ist und in ausweglosen Lagen ungeahnte Kraftreserven mobilisieren kann. Obwohl ich am Boden lag und nur noch Dunkelheit sah und auch kein »Lichtlein« von irgendwoher kam, wie es auf einem Wandspruch bei meiner Oma zu lesen war: »Immer wenn du meinst es geht nicht mehr, kommt von irgendwo ein Lichtlein her«, kratzte ich das Leben, das ich hatte, zusammen in einem innerlichen Schrei. Verzweiflung, Hilflosigkeit, Hoffnungslosigkeit, Weglosigkeit, Schmerz und Scham, Überlebenswille und Todesangst — ein stummer Schrei aus der Tiefe. Es war derselbe Schrei, wie er sich schon millionenfach, ohne Worte und unbemerkt, aus dem »Restleben« der an sich selbst Gescheiterten herausgepreßt hat und doch oft nur der Todesschrei beim Sprung in den endgültigen Abgrund war.

Bei mir war es anders. Ich rief und schrie, aber nicht in mich hinein und nicht ins Bodenlose... ich schrie ohne Worte, aber ich schrie zu Gott!

Sünde ist schön

In dieser quälenden Not wandte ich mich an den, der mir bis dahin so bedeutungslos war, daß es sich nicht lohnte, dagegen anzukämpfen.

Viele Christen meinen, daß die Linken immer noch gegen Gott und Kirche kämpfen, wie vor hundert Jahren. Der Zug ist längst abgefahren. Gott spielt doch für sie überhaupt keine tragende Rolle mehr, er kommt doch bei ihnen gar nicht mehr vor. In den Kirchen und selbst bei denen, die sich Christen nennen, ist er oft kein lebendiges Gegenüber, sondern austauschbare Formel. Anders hatte ich Gott nicht kennengelernt und deshalb auch gar keine Kraft verschwendet, dagegen anzugehen. Im Gegenteil, ich hatte Tagungen in evangelischen Akademien besucht, bei denen es wilder und revolutionärer zuging als in jeder DKP-Ortsgruppe. Auch Pfarrer Niemöller imponierte mir als Leninpreisträger durchaus, und doppelgesichtig, wie ich war, machte es mir keine Schwierigkeiten, meine Gewissensprüfung für die Kriegsdienst-Verweigerung mit christlichen Begründungen durchzustehen; es war eben einfacher, als politisch zu verweigern.

Ich konnte gar nicht »gegen« Gott sein, weil er für mich nicht da war, oder höchstens als Denkmodell existierte. Zu diesem Gott der Philosophen habe ich nicht geschrien, denn nie hätte ich eine Antwort bekommen. Antworten kann nur ein lebendiger Gott. Ich kannte Ihn noch nicht, erhoffte aber verzweifelt Seine Gegenwart, und bald sollte ich Ihn kennenlernen.

Später bin ich oft gefragt worden, ob ich keine Gewissensnot hatte, »wegen all der Sünden, die ich begangen hatte«, wie es in frommen Kreisen genannt wird und ich mußte jedesmal »nein« sagen. Das, was ich getan habe, hat mich in keinsterweise belastet.

Es wird so leicht dahingesagt, daß Sündigen schlimm sei. Das ist nur bedingt wahr. Sünde kann schön sein und erscheint lebenswichtig und richtig, wenn man sie begeht. Kein Mensch würde die Sünde praktizieren, wenn sie nicht sehr reizvoll wäre. Natürlich zieht jede Sünde negative Folgen nach sich, aber das macht uns nicht schlau, sondern fordert neue Sünden heraus, die uns in dem Moment wieder gefallen und weiterzuhelfen scheinen.

Außerdem gibt es an ein Leben in Schuld und ohne Gott auch schöne Erinnerungen; selbst das verkommenste, mieseste und kaputteste Dasein kennt auch schöne Stunden, und das bindet uns und hält uns fest.

Ich weiß aus eigener Erfahrung, wie »schön« Sünde sein kann. Jahre nach meinem Zusammenbruch, als ich schon ein neues Leben mit Jesus Christus führte und durch Gottes Hilfe eine echte Perspektive für mein Leben hatte, saß ich mit meiner Verlobten vor der Hochzeit zusammen und schmiedete Pläne für die gemeinsame Zukunft mit Gott und miteinander. Ich weiß nicht, was mich »geritten« hat, auf jeden Fall legte ich eine alte Schallplatte auf, die ich in der Zeit vor meiner Umkehr oft gehört hatte und die nun jahrelang ungespielt herumgelegen hatte.

Ich dachte an die alten Zeiten, die Träume, an die Genossen, die Mädchen, an schöne Stunden und fing an zu weinen wie ein kleines Kind, wurde richtig traurig. Nicht etwa, weil ich an meine Schuld und meine Verzweiflung erinnert wurde, in die ich mich bis zur Lebensmüdigkeit manövriert hatte. Nein, ich trauerte, weil mir das Vergangene irgendwie als Verlust erschien. Hinterher hätte ich kotzen können, aber ich habe da eine gute Lektion gelernt und weiß, daß man mit dem Satz »Sünde ist schlimm« vorsichtig sein muß.

Wir sind so verdorben und verdreht, daß uns der Satan die schlimmsten und schmerzlichsten Dinge so vor Augen stellen kann, daß wir sie für optimal und gut halten, auch wenn alles dagegenspricht. Wir sind nicht neutrale Wesen, die mehr oder weniger sündigen, sondern sind alle ohne Außnahme so von der Macht der Sünde durchsetzt, daß wir aus uns heraus unfähig sind, die Sünde als das zu erkennen, was sie ist. Das Problem liegt nicht in dem, was wir tun, sondern was wir sind. Die Bibel, Gottes Wort, sagt eindeutig, daß keiner sich vor Gott rühmen kann und daß in uns nichts Gutes zu finden ist, nicht bei Paulus und nicht bei Stalin, nicht bei Mutter Theresa und nicht bei Hitler, nicht bei mir und nicht bei dir.

Und das Gewissen? Ich habe in den Jahren, als ich ohne Gott und die Bibel lebte, keine Gewissensbisse gehabt, egal ob ich gelogen, betrogen oder sonst was gemacht habe; da muß ich ehrlich sein. Das Gewissen ist keine sichere Instanz, auch wenn wir manchmal ein mulmiges Gefühl haben. Das Gewissen an sich ist »käuflich wie eine Hure und bestechlich wie ein Politiker«.

Ich brauchte mir nur ein paar Argumente einzureden und es richtig zu füttern, und schon war der innere Friede hergestellt. Wenn das Gewissen nicht so leicht manipulierbar wäre, müßten die Leute vor Gewissensbissen reihenweise aus dem Fenster springen oder sich den Gnadenschuß geben. Das Leben mit seinen unauflöslichen, nicht endenden Schuldketten wäre nicht zu ertragen, wenn wir nicht tausend Methoden praktizieren würden, die das Gewissen austricksen und betäuben.

Der »Verkehrte«

Jahrelang hatte mir mein Vater prophezeit: »Du kommst auch noch einmal an den Verkehrten«. Er meinte damit, daß irgendwann mein Doppelleben und Theaterspiel, meine Taktik, mich überall durchzumogeln und dabei nur meinen Vorteil zu suchen, auffliegen würde und ich die Karten auf den Tisch legen müßte. Irgendwann würde ich schon durchschaut werden, und dann wäre ich dran.

Er hat recht behalten, wenn auch in einem ganz anderen Sinn. Ich hatte mich mit einem Schrei an Den gewandt, der mir noch unbekannt war, den lebendigen Gott, ohne Seinen Namen zu nennen, und Er hat mich gehört, erhört und ist mir als der Lebendige so drastisch begegnet, daß ich noch heute nur mit Zurückhaltung von dieser Begegnung sprechen kann.

Wer so einfach von Gott reden kann wie vom Wetter, oder wie vom Onkel aus Amerika, wer noch über und mit Gott diskutiert, wie man über das Ozonloch und Karl den Großen spricht, der ist dem Heiligen noch nicht begegnet.

Als mir der Herr aller Herren begegnete, lernte ich Ihn als wirkliche Person kennen. Er ist keine Macht, Er ist keine Kraft, Er ist kein Gefühl und keine denkbare Idee: Der Gott der Bibel ist ein echtes Gegenüber, übermächtig und gewaltig. Er ist nicht das Abziehbild, das manche Theologen präsentieren und nicht so schwach und armselig wie die, die sich nach Seinem Namen nennen. Er ist Herr, heilig und gerecht. Vor Ihm verstummen die Fragen und Klagen — man kann nur noch die Klappe halten.

Ja, ich war an »den Verkehrten« geraten, der doch der einzig Richtige ist. Er gab mir keinen billigen Seelentrost, Er sagte nicht: »Schwamm drüber, alles vergessen, fang neu an«, es kam keine rosarote Wolke, die meinen Bruch und meinen Scherbenhaufen in mildes Licht tauchte. Gott ist kein Besen, mit dem ich meinen Dreck unter den Teppich kehren kann, damit er nicht mehr gesehen wird. Bei Ihm wird kein Süßholz geraspelt und kein Psychopharmaka verteilt — nichts von alledem.

Er stellte mich zwar wieder auf die Beine, aber auf Seine Art. Ohne zu wissen, was werden sollte, aber auch ohne Zweifel und Rückfragen habe ich mich nach meinem Gebet auf den Weg gemacht und bin in die christliche Buchhandlung der Pilgermission gegangen und habe dort eine Bibel gekauft, sinnigerweise in einem roten Umschlag.

Natürlich hätte ich zu Hause die Bibel lesen können, aber ich konnte nicht warten und mußte diesen Weg gehen. Es war mein erster Gehorsamsweg für den lebendigen Gott. Ich hab' dieses Buch nicht gekauft, wie man eben ein Buch kauft; für mich, und das war mir klar, hing mein ganzes Leben und Sterben von dem ab, was ich nun lesen würde. Ich hab' mich verschämt und ungeschickt benommen und war sehr erleichtert, als ich das Buch endlich in der Tüte hatte.

Mit dem Bibellesen ist das so eine Sache. Natürlich hatte ich früher und im Konfirmandenunterricht auch schon die Bibel aufgeschlagen, aber es ist ein Unterschied, ob ich den, der da spricht, als lebendig und für mich lebensentscheidend anerkenne, oder ihn »just for fun« zur Kenntnis nehme.

Natürlich berührt mich das Nachttelegramm eines Bekannten mehr, als die alten Briefe in der Schublade, die von Leuten geschrieben wurden, die schon lange nichts mehr mit meinem heutigen Leben zu tun haben. Als ich damals die Bibel mit feuchten Händen aufschlug, wollte ich Den kennenlernen, der mir in den Weg getreten war und der spricht: *»Sucht, so werdet ihr finden.«*

Und ich habe Ihn in der Bibel gefunden, denn dort gibt Er sich zu erkennen. Und ich sollte Ihn kennenlernen, gründlich und erschütternd, wie jeder, der sich ernsthaft auf den lebendigen Gott einläßt.

Draußen bei den Lügnern

Eins der ersten Worte, die ich las, steht in der Offenbarung Jesu Christi (22,15) — ich hatte hinten angefangen zu blättern:

»Draußen sind die Hunde und die Zauberer und die Unzüchtigen und die Mörder und die Götzendiener und jeder, der die Lüge liebt und tut.«

Ich dachte, ich wäre ganz unten am Boden, dabei war ich draußen, außen vor der Tür.

Die Lüge liebhaben und tun, das war der springende Punkt. Nichts war echt an mir, alles war Lüge und damit stand ich draußen, fern von Rettung.

Ich wußte nicht, was »drinnen und draußen« in letzter Konsequenz bedeutete, aber mir war klar, daß ich nicht drinnen war. Was ich auch gelesen habe, ob in den Briefen der Apostel, oder Worte Jesu, wie die Geschichte von dem Mann, der zu einer Hochzeit geladen wird und nicht korrekt gekleidet ist — alles traf mich wie ein Pfeil:

»Da ging der König hinein, um sich die Gäste anzusehen und sah einen Menschen, der hatte kein hochzeitliches Festkleid an, und sprach zu ihm: Freund, wie bist du hereingekommen und hast kein hochzeitliches Kleid an? Er aber verstummte. Da sprach der König zu seinen Dienern: Bindet ihm Hände und Füße und werft ihn in die Finsternis hinaus! Da wird Heulen und Zähneklappern sein.« (Mt. 22,11)

Ich verstummte wie dieser Mann; nichts konnte ich antworten, nichts mehr vortäuschen, nichts drehen und geradebiegen, denn ich war durchschaut. Hatte ich gedacht, den tiefsten Punkt erreicht zu haben, als mein Kartenhaus zusammenbrach und ich vor mir selbst den Offenbarungseid leistete und mit Schrecken daran dachte, in der Öffentlichkeit bloßgestellt zu werden, mußte ich nun erkennen, daß es Tieferes und Schlimmeres gibt:

»Schrecklich ist es, in die Hände des lebendigen Gottes zu fallen.«

Plötzlich ging es nicht mehr nur um mein Leben, was ich getan hatte und wie es weitergehen sollte, es ging um das ewige Leben, um die Frage, wie ich vor dem heiligen, lebendigen Gott stehen könnte und welche Konsequenz mein bisheriges Leben auf die Ewigkeit haben würde.

Da fängt man an, den Tod zu fürchten, der so vielen als leichter Ausweg aus schweren Situationen erscheint. Nur nicht sterben, nur nicht so vor Gott treten müssen, vor Jesus, der sagen wird und sagen muß: »Geh' von mir, Verfluchter, ich habe dich nie gekannt!«

Alles wurde mir gleichgültig, die Bindungen an Menschen, die Schwierigkeit, aus den bisherigen Bahnen herauszukommen, die Frage, was aus meinem weiteren Leben werden würde, ob es Auswege gab, oder nicht; nur eins wollte ich noch, nicht »draußen sein«, nicht ewig verloren sein — draußen vor der Tür, draußen bei den Lügnern.

Mit meinen Sünden, nennen wir es ruhig so, konnte ich vor dem Wort Gottes nicht bestehen. Jedes Bibelwort wies mich auf mein gottloses Leben hin und trieb mich in die Enge. Vor Menschen, vor Schwierigkeiten, vor Konsequenzen, vor sich selbst und sogar vor dem Leben kann man fliehen, aber nicht vor Gott. Selbst Kleinigkeiten, bei denen man sonst noch nicht einmal die Achsel zuckt, wurden mir zur Zentnerlast.

Mühselig und beladen

Es war für mich keine Frage mehr, daß ich mein Leben ändern und alte Schuld begleichen müßte. Sünde, die auf einem liegt und ewig verdammt, muß man loswerden.

Ich habe damit angefangen, alte Dinge zu bereinigen, habe mich entschuldigt, habe mich zu den Lügereien und Betrügereien ehrlich bekannt, ohne Rücksicht auf die Folgen zu nehmen. Ich wollte den Druck loswerden und bin dafür harte Wege gegangen.

Es ist schwerer, öffentlich Irrwege einzugestehen und um Vergebung zu bitten, als eine Bombe zu zünden oder Selbstmord zu begehen, vor allen Dingen, wenn die Leute nicht verstehen, wie ernst es dir ist und was für dich davon abhängt.

Gott hat mich begleitet und unverdienterweise die Wege geebnet. Wenn ich meinte, da kommst du nie raus, hatte Er schon gehandelt.

Die linke Gruppe, mit der ich am engsten verbunden war, löste sich auf und wurde in alle Winde zerschlagen, auch die finanzielle Betrügerei hatte für mich keine Folgen, obwohl, oder weil ich bereit war, sie zu tragen.

Die einzige äußerlich negative Folge meiner Vergangenheit war die Tatsache, daß ich keine Post mehr in die DDR schicken konnte. Irgendwie war ich als böser Bube auf eine Stasi-Liste gekommen und kein Brief kam mehr an. Aber damit kann man leben und seit November 89 hat sich auch diese Sache erledigt.

Von Tag zu Tag erkannte ich deutlicher, wie groß und mächtig der Herr ist, der im Leben vieler nur als Zerrbild ein Randdasein fristen muß; für mich rückte Er ins Zentrum.

Neue Lasten

Ich dachte, wenn ich alles in Ordnung gebracht und ein neues Leben angefangen hätte, würde die Last meiner Schuld von mir genommen, und deshalb setzte ich, da ich ziemlich radikal war und bin, alles daran, mein Leben zu verändern und zu verbessern.

Ich wollte nun ganz für den Gott leben, der es mir ermöglicht hatte, neu anzufangen. Ich hätte alles getan und gewagt, aber was ich auch an Gutem und Bußfertigem anfing, die Sündenlast blieb, ja sie wurde stärker und schwerer. Was konnte ich nur tun, um vor Gott bestehen zu können?

Ich habe konsequent alles versucht, um Gott gnädig zu stimmen, aber es half nichts. Ein Praktikum auf der Pflegestation eines Altersheimes, wo ich wie ein Wilder gearbeitet und Bettpfannen getragen habe, um Dinge »gutzumachen«, die ich verbockt hatte, zeigte mir nur, daß es so nicht ging. Ich hätte alles getan, wäre ins Kloster und barfuß nach Rom gegangen, wenn ich Freiheit von dem Druck der Schuld bekommen hätte.

Wenn man erkennt, daß das bisherige Leben von Gott trennt und verdammt, ist das hart; wenn man aber sieht, daß ein neues Leben mit Gott und alle positiven Taten einen auch nicht von der Schuld befreien, und man im Gegenteil noch schwerer zu tragen hat, ist das niederschmetternd!

Dazu kam, daß ich neue Halbheiten und Lügen bei mir entdeckte, obwohl ich doch so nie mehr leben wollte. Es durfte doch nicht alles von vorne anfangen! Idealistisch hatte ich doch auch meinen politischen Weg begonnen, voller Träume und voll toller Vorstellungen und war in Selbstbetrug und Lüge fast verendet, und nun sah ich, wie das mit meinem neuen Weg genauso anfing, nur daß sich Gott nicht belügen, beschwatzen und überreden lies.

In innerer Unruhe und Friedlosigkeit beschloß ich dann, Theologie zu studieren, um Pfarrer zu werden. Da niemand meinen inneren Zustand kannte, löste ich damit allseits Kopfschütteln aus. Egal, ich hatte dem Bösen gedient, und nun wollte ich Gott mit meinem ganzen Leben und Einsatz dienen, wollte mich selbst opfern, war bereit, alles für Gott zu geben.

Ich hatte keine Ahnung, wie wenig die heutige Theologie mit dem Herrn zu tun hat, mit dem ich im Kampf lag; für mich dienten die Pfarrer Gott, und das wollte ich auch.

Eigentlich, aber das erkannte ich noch nicht, wollte ich ja durch meine Berufswahl nicht Gott dienen, sondern von meiner Schuld wegkommen und endlich Frieden haben, endlich »drinnen« sein bei Gott und nicht mehr verloren und draußen. Mit meinem Studienbeginn verschaffte ich mir zwar etwas Erleichterung, aber ich blieb auf meiner Schuld sitzen.

Ewig von Gott getrennt? Manchmal hört man den Spruch: »Komm zu Gott und alles ist gut!« Nein, so einfach ist es nicht. Man kann nicht sein Fähnchen so einfach in den frommen Wind hängen und die Sache läuft. Zu groß ist die Bindung an uns selbst, an unsere Schuld und die Welt; wir sind so durchfasert vom Verloren- und Getrenntsein, daß wir auch bei allem guten Willen und bei aller Gotteserkenntnis aus dem Sumpf nicht herauskommen, das ist meine Erfahrung bis heute.

Ich habe viel versucht, um ordentlich und anders zu leben, habe es wirklich ernst genommen und viel geopfert und hätte noch mehr gegeben — die Schuld blieb, die Anklage blieb, und das Urteil war mir überdeutlich vor Augen.

Allein gehst du ein

Auch wenn mein Theologiestudium anders verlief, als ich es mir vorgestellt hatte, sollte ich doch am Studienort all das finden, was ich bisher gesucht hatte. Gott, der Allmächtige, hatte hier schon alles vorbereitet, die Fäden gezogen und wartete nur auf Seine Stunde.

Zuerst brachen meine naiven Illusionen vom Theologiestudium entzwei. Ich dachte, dort würde man lernen Gott zu dienen und Sein scharfes Wort besser zu verstehen — Pustekuchen.

Das erste, was ich erlebte, waren sozialistische, weltverbesserische Tutoren, welche die Erstsemester beschwafelten und sie mit Omnibussen zu irgendwelchen Demos karrten. Das waren noch nicht einmal gute Agitatoren, sondern höchstens drittklassige Animateure. Zudem fand ich unter den »Theologen« einen Mann, der sich als Fahrer von RAF-Mitgliedern verdient gemacht hatte und anscheinend von »ganz oben« gedeckt wurde.

Und dann waren da noch die Professoren, die den Studenten erzählten, daß Gottes Wort nicht wahr sei, daß es die Verdammnis nicht gäbe und man diese Aussagen aus dem zeitgeschichtlichen Hintergrund der Verfasser verstehen müsse und Gott die Liebe sei, der (wenn es ihn gibt) doch nur das Beste wollen kann und deshalb müßte mit der Theologie die Befreiung der Menschen von Unterdrückung und Ausbeutung betrieben werden.

Das ist natürlich eine verkürzte Darstellung meiner Studienerfahrung, aber von meinem Hintergrund aus gesehen dachte ich, ich sei im falschen Film. Ich stand im Ringen um ewige Rettung oder Verdammnis, rang mit Gott um Vergebung meiner Schuld, um wirklich echtes und neues Leben, Gottes Wort war mir wie ein Hammer, und die Leutchen erzählten von »Gott ist tot« bis »Gott ist sozial« und die »Bibel ist Menschenwort« jeden erdenklichen Schwachsinn.

Mir »rollten sich die Fußnägel hoch« und schnell merkte ich, daß die von dem Gott, der in mein Leben eingetreten war, keine Ahnung hatten.

Durch solch ein Studium wollte ich von Sünde und Schuld wegkommen. Ich war selbst dafür verantwortlich, daß ich mir falsche Vorstellungen machte, denn ich hatte mit keinem Menschen gesprochen, hatte keine Christen gesucht, die mir weiterhelfen konnten, Gott zu verstehen und von Sünde wegzukommen. Ganz alleine und für mich war ich losgezogen, hatte neben der Bibel nur einige gute christliche Bücher aus dem vorigen Jahrhundert gelesen, die ich von einer Großtante geerbt hatte und war ansonsten ein Einzelgänger.

So etwas kann nicht gutgehen, denn man braucht die Hilfe echter Christen, die mitbeten und mithelfen, den richtigen Weg zu gehen. Diese Leute hatte ich nicht, kannte ich nicht und so verdüsterte ich unter der Last meiner Schuld immer mehr, ohne daß man es mir von außen angesehen hätte.

So werdet ihr Ruhe finden

Gott war mir scheinbar zum Feind geworden und hatte in Wirklichkeit für alles gesorgt, was mir fehlte, um mein Lebensproblem zu lösen.

Durch »Zufall« war ich an eine Studentenbude gekommen, obwohl der alte Herr, dem das Haus gehörte, eigentlich nicht vermietete. Etwa zeitgleich mit meinem Einzug hatte er eine Haushälterin eingestellt, die ihn und auch mich mit Liebe umsorgte. Sie freute sich, daß ich an Gott glaubte und Theologie studierte, auch wenn sie nicht ahnen konnte, wie unruhig und unerlöst ich war. Sie war eine einfache, leidgeprüfte Frau vom Land, die eine kindlich-natürliche Beziehung zu ihrem Herrn und der Bibel hatte, während bei mir doch alles noch Kampf und Krampf war. Sie besuchte einen kleinen Hausbibelkreis und sagte, als angehender Pfarrer müßte ich auch dorthin. Ja, wenn sie das sagte, dann mußte das wohl so sein, und dann bin ich einfach mitgetrottet, ohne mir große Gedanken zu machen.

In einem Wohnzimmer versammelten sich etwa acht Personen. Es wurde ein Lied gesungen, jemand betete, dann wurde ein Bibelabschnitt gelesen, zu dem einer der Teilnehmer Ausführungen machte; danach wurden gemeinsam noch Fragen geklärt und anschließend betete jeder ein Gebet und man ging wieder nach Hause.

Das tat gut, daß da Leute waren, die wie ich Gottes Wort ernst nahmen und es nicht als Lüge hinstellten, die wie ich von dem lebendigen Gott wußten und Ihn anredeten, und doch war bei diesen einfachen Menschen etwas, was ich nicht hatte und nicht kannte. Sie hatten Gottesfurcht, aber keine Angst vor dem Gericht; sie sprachen von ihrer Schuld, aber auch von Befreiung und Freude.

Dann waren da noch die Gebete. Sie beteten laut und sprachen offen und befreit zu ihrem Vater im Himmel.

Ich hatte bis dahin nicht laut und eigentlich überhaupt nicht gebetet. Wenn ich mit Gott kommunizierte, dann tat ich das in knechtischer Angst vor einem Gewaltigen, der mich wegen meiner Schuld verdammte, und so hätte ich mich gar nicht getraut, offen vor Gott hinzutreten. So bemerkte ich wohl einen Unterschied zwischen diesen Gläubigen und mir, kam aber nicht hinter die Sache und war zu dumm, meine Not einmal dort auszusprechen.

An einem der Bibelabende sprach ein steinalter, einfältiger Mann, der zudem noch mit einem schweren Sprachfehler behaftet war, über eine Geschichte aus dem Alten Testament (4.Mose 21). Das Volk Israel hatte gegen seinen Gott gesündigt und der schickte zur Strafe giftige Schlangen, die das Volk bissen und dadurch töteten. Es gab kein Entrinnen. Da hat das zu Recht gestrafte Volk Gott um Vergebung gebeten und Er beauftragte Mose, eine Schlange aus Erz zu formen und an einem Holzstab aufzurichten. Jeder, der nun diese Schlange ansah, würde heil und mußte nicht sterben.

Hatte ich zuerst nur nebenbei zugehört, wurde ich immer hellhöriger. Auch ich hatte gesündigt und war gebissen worden. Ich fühlte ja ständig das Gift und den Tod in mir, und die Strafe war gerecht, kein Ausweg möglich. Dann hatte ich den sehnsüchtigen Wunsch, so eine Schlange sehen zu können, wie Mose sie aufgerichtet hatte. Einfach ansehen und heil werden; hinschauen und gerettet werden von Tod und Verdammnis. Als ich schon dabei war, mir diesen Wunsch abzuschminken, schlug der alte Mann das Johannesevangelium auf und las die Worte vor, die Jesus gesagt hatte:

»Und wie Mose in der Wüste die Schlange erhöht hat, so muß der Sohn des Menschen erhöht werden, damit jeder, der an ihn glaubt, ewiges Leben habe.

Denn also hat Gott die Welt geliebt, daß er seinen eingeborenen Sohn gab, damit jeder, der an ihn glaubt, nicht verloren gehe, sondern ewiges Leben habe.

Denn Gott hat seinen Sohn nicht in die Welt gesandt, daß er die Welt richte, sondern daß die Welt durch ihn errettet werde. Wer an ihn glaubt, der wird nicht gerichtet.« (Joh. 3,14-18)

Das konnte doch nicht wahr sein — wenn ich es nicht selbst gelesen hätte, ich hätte es nicht geglaubt. Ich hatte diese Worte auch schon gelesen und gehört, aber nicht verstanden, weil ich nur den rächenden Gott im Blick hatte, aber nicht Jesus Christus. Den lernte ich erst an diesem Abend wirklich kennen.

Bis dahin war Jesus für mich der Henker Gottes gewesen, der, weil Er im Gegensatz zu mir sündlos lebte, wegen meiner Schuld sterben mußte und deshalb als der Auferstandene von Gott die Vollstreckungsgewalt erhielt, an jedem Schuldigen für jede Sünde die Strafe zu vollziehen. Und nun lernte ich Gott wirklich kennen, wie Er sich in Jesus offenbart hat.

Ich sehe noch heute den Mann vor mir, wie er in seiner zerlesenen Bibel mit angefeuchteter Fingerspitze ein Wort nach dem anderen vorlas, die alle von Jesus Christus berichteten oder von Ihm gesprochen waren:

»Wer mein Wort hört und glaubt dem, der mich gesandt hat, der hat ewiges Leben und kommt nicht ins Gericht, sondern er ist aus dem Tod in das Leben übergegangen.« (Joh. 5,24)

Ich hörte, daß Jesus gekommen ist, um die Sünder zu rufen und nicht die Gerechten. Er ist also genau für die gekommen, die vor Gott keine Chance mehr haben. Nicht ich werde gestraft für meine Sünde, sondern *»die Strafe liegt auf ihm, auf daß wir Frieden hätten, und durch seine Wunden sind wir geheilt«* (Jes. 53). Jesus Christus hat mich geliebt, als ich noch ein Sünder war, und ist in die Welt gekommen, *»um Sünder zu erretten«.*

Ich wollte mich mit Gott versöhnen, indem ich ein neues Leben anfing und alles besser machen wollte, und nun durfte ich hören, daß Gott nicht versöhnlich gestimmt werden muß und kann, sondern daß Er versöhnt ist.

»Alles aber von Gott, der uns mit sich selbst versöhnt hat durch Christus und uns den Dienst der Versöhnung gegeben hat, nämlich daß Gott in Christus war und die Welt mit sich selbst versöhnt hat, ihnen ihre Sünden nicht zurechnete und in uns das Wort von der Versöhnung gelegt hat. So sind wir nun Gesandte an Christi Statt, indem Gott gleichsam durch uns ermahnt; wir bitten für Christus: Laßt euch versöhnen mit Gott! Den, der Sünde nicht kannte, hat er für uns zur Sünde gemacht, damit wir Gottes Gerechtigkeit würden in ihm.« (2. Kor. 5,18-21)

Paulus schreibt also, wer diesem Wort vom Kreuz glaubt ist heil, ohne Zutun, ohne Anrechnung der Sünden, ohne Strafe. Die hat Jesus auf sich genommen. In der Bibel durfte ich Gott wirklich kennenlernen. Dadurch wurde meine Schuld nicht geringer, im Gegenteil, ich erkannte, daß es nicht ausreicht, wenn ich den Zorn für Sünde ertrage und abgeurteilt werde. Um Sünde zu vernichten und aus der Welt zu schaffen, mußte Gott selbst leiden, bluten und sterben in Jesus Christus. So groß ist meine Schuld und so groß ist die Liebe Gottes, daß Er sich selbst nicht schonte.

Das ist eine gewaltige Sache und verstandesmäßig unbegreiflich!

Ich ging still nach Hause und habe meine Bibel mit neuen Augen gelesen. Nun sah ich nicht mehr in jedem Wort meine Sünde und Schuld, sondern den gerechten Gott, der diese Sünde durch den Tod Seines Sohnes beseitigt. Ich sah Jesus im Glauben an und wurde die Last für immer los.

Mühselig und beladen war ich zu Gott gekommen und nun durfte ich sehen, daß mein Paket auch auf dem Rücken Jesu war, als Er für mich und alle, die an Ihn glauben, Sein Leben in den Tod gab.

Seit diesem Tag kann ich mit Paulus sagen, daß nun nichts Verdammungswürdiges an denen ist, die in Christus Jesus sind. Ich betete zum ersten Mal zu Jesus und dankte Ihm für Sein Opfer.

Es ist eine unbeschreibliche Erfahrung, von Sünde, Tod und dem sicheren Untergang befreit zu werden. Ich hätte platzen können. Es ist alles so einfach und doch so geheimnisvoll großartig, zu einfach für die meisten Menschen und doch erfahrbare Wirklichkeit.

Wenn die Schuldfrage geklärt ist, wenn die klammheimliche Furcht vor der Ewigkeit und dem Ungewissen gewichen ist, dann lernt man ein ganzes, ein echtes Leben zu führen. Dabei muß ich noch nicht einmal den Frommen markieren; ich weiß, daß auch in einem Leben im Glauben an Christus genug Müll und Schutt vorkommt und ich immer wieder danebenhaue — daß ich in mir kein Stück besser bin als früher. Doch darf ich das alles dem Herrn bringen, der so gerne vergibt, und darf immer neu Seine Gnade in Anspruch nehmen und Ihn anschauen.

Bei Jesus darf ich endlich ehrlich sein.

Bei Jesus bleiben

Ja, das möchte ich immer noch. Nie mehr will ich ein verlogenes Leben führen und der Herr Jesus erlaubt mir, bei Ihm zu bleiben, wie ich wirklich bin.

Als ich Ihn erkannt hatte und immer besser in der Bibel kennenlernte, konnte ich nicht mehr von Ihm schweigen und kann es auch in diesen Zeilen nicht.

Mann, Frau, Junge! Ich möchte dich am liebsten an den Schultern packen und solange schütteln, bis dir die Augen aufgehen und du auch erkennst, was wir für einen Gott haben und was Er uns gibt!

Von Anfang an konnte ich es nicht für mich behalten und habe es weitergesagt, auch wenn es noch so stümperhaft war.

Dabei will ich ehrlich sein: Beim Glauben an Jesus wird man hier nicht auf Rosen gebettet, da geht's nicht mit »Halleluja« auf Wolke sieben. Es ist ein harter Kampf. Der Satan will uns alle machen, die Leute halten sich die Bäuche, wenn man von Jesus und der Ewigkeit spricht. Hohn und dummes Grinsen ist noch das wenigste, was einem begegnet. Mit dem Glauben an Jesus kann man hier auf der Welt keinen Blumenpott gewinnen, man braucht es aber auch nicht mehr, weil man durch Ihn etwas bekommt, was ewige Bedeutung hat und weit über diese Zeit hinausreicht, und verhungert bin ich auch noch nicht.

Ich lernte und lerne immer mehr, mir an Jesus genug sein zu lassen. Daß ich Ihn erkennen durfte, wiegt alle Schwierigkeiten auf und die hatte und habe ich noch reichlich.

Ich habe damals noch knapp 5 Jahre an der Universität ausgehalten, obwohl mir klar wurde, daß dies mein Weg nicht sein konnte; aber ich mußte Geduld lernen.

Schließlich hat der Herr mir einen Weg gewiesen, und nun bin ich als »Botschafter« (2.Kor.5,20) für meinen Herrn unterwegs und bitte überall an Seiner Stelle, daß man sich mit Gott versöhnen lassen soll, solange noch Zeit ist.

Bitten, mehr kann ich nicht. Überreden und Menschen von einer Sache überzeugen, daß habe ich vor meiner Begegnung mit Jesus gemacht. Und wenn auch viele versuchen, mit schlauen Sprüchen Menschen vom Glauben zu überzeugen, weiß ich, daß nichts Echtes daraus wird. Jesus hat in dieser Welt keine überzeugenden Demagogen seiner Lehre, sondern Frauen und Männer, die bei allem eigenen Versagen gerne auf Ihn hinweisen.

Keiner soll auf mein Leben sehen, auch nicht auf das eigene Leben, nicht auf die eigene Schuld und die ausweglosen Situationen, nicht auf »die Christen«, nicht nach links und nicht nach rechts.

Der Einzige, den es anzuschauen lohnt, ist Jesus in Seinem Wort, wie Er leidet und stirbt, wie Er aufersteht und deshalb auch neues und ewiges, unendliches Leben geben kann.

Gott hat ein Holz aufgerichtet vor 2000 Jahren, als letztes Ausrufezeichen Seiner Liebe und Geduld.

Bevor Du irgendetwas einwendest, schau genau hin und dann sprechen wir uns wieder.

Nachwort

Wozu lebe ich?

Mit diesen Lebensberichten möchten wir unseren rastlosen und von Zukunftsängsten bedrängten Mitmenschen bezeugen, daß wir durch den Glauben an den Herrn Jesus Christus Vergebung unserer Schuld, einen neuen Lebensinhalt und ein neues Lebensziel bekommen haben, so daß wir getrost und ohne Illusionen der Zukunft, die in Gottes Händen liegt, entgegensehen können.

Die Bibel sagt, daß der Mensch nicht ein Produkt des Zufalls, sondern ein Geschöpf Gottes ist. Deshalb kann auch nur Er, der uns geschaffen hat, *zuverlässige* Aussagen über unser Woher, Wohin und Wozu machen.

Gott hat den Menschen geschaffen,

- um Seine Schöpfung zu bebauen und zu bewahren (1. Mose 1,28; 2,15),

- um Ihn zu ehren und Ihm zu danken (Römer 1,21),

- um Ihn zu lieben aus ganzem Herzen, ganzer Seele und mit allen Kräften und seinen Nächsten wie sich selbst (Mark. 12,30 + 31).

Der Mensch, anfangend von Adam und Eva, hat jedoch den Herrschaftsanspruch Gottes abgelehnt, wollte sein wie Gott und sein Leben ohne Ihn und nach eigenem Gutdünken gestalten.

Sünde — was ist das?

Diese Auflehnung gegen Gott, der Anspruch, das Leben

unabhängig und in eigener Regie zu leben, ist die eigentliche Sünde des Menschen. Durch sie ist er aus der Gemeinschaft mit Gott gefallen und lebt seitdem getrennt von Ihm. Aus diesem *Zustand* der Sünde kommen dann die einzelnen sündigen *Taten*.

Durch die Sünde ist der Mensch also

- getrennt von Gott (Jesaja 59,2)

- »tot« in Gottes Augen (Eph. 2,1)

- ein Feind Gottes (Römer 5,10)

- unfähig, Gott zu gefallen (Römer 8,8)

- zur ewiges Trennung von Gott, zur ewigen Verdammnis verurteilt (Römer 6,23).

Alle seine religiösen Kraftanstrengungen und Versuche, diese Trennung von Gott zu überwinden, scheitern an der völligen Sündhaftigkeit und Verderbtheit des Menschen. Durch die Sünde befindet er sich wie in einem Sumpf, aus dem er sich durch eigene Kraft nicht retten kann.

Wozu Jesus Christus?

Gott allein, dessen Wesen sowohl absolute Heiligkeit und Gerechtigkeit, als auch absolute Liebe und Gnade ist, konnte eine Brücke zum Menschen bauen. Er suchte und fand einen Weg um die Menschen, die Er liebte, zu retten, ohne dabei Seine Heiligkeit aufzugeben.

Gottes Gerechtigkeit forderte eine gerechte Strafe für die Sünden und so gab es nur *einen* Weg zur Errettung und Erlösung des Menschen: ein Mensch ohne Sünde mußte stellvertretend die Sünde der Menschen tragen, die sich retten lassen würden. Dieser Mensch war Jesus Christus, der Sohn Gottes. Er kam auf diese Erde, um auf Golgatha stellvertretend unsere Sünden auf sich zu nehmen. Dort wurde der Sohn Gottes von haßerfüllten Menschen ans Kreuz genagelt und unsagbar verspottet und mißhandelt. Aber an diesem Kreuz hat Gott unsere Schuld an Jesus Christus gerichtet.

Wie ein Blitzableiter den vernichtenden Blitz auf sich zieht und ableitet, so hat der Herr Jesus Christus den gerechten Zorn Gottes über unsere Sünden auf sich geladen und dadurch unsere Errettung möglich gemacht.

»Welcher keine Sünde tat, noch wurde Trug in seinem Munde erfunden, der, gescholten, nicht wiederschalt, leidend, nicht drohte, sondern sich dem übergab, der recht richtet; welcher selbst unsere Sünden an seinem Leibe auf dem Holze getragen hat« (1. Petr. 2,22-24).

»Den, der Sünde nicht kannte, hat Gott für uns zur Sünde gemacht, auf daß wir Gottes Gerechtigkeit würden in ihm.« (2. Kor. 5,21).

»Denn also hat Gott die Welt geliebt, daß er seinen eingeborenen Sohn gab, auf daß jeder, der an ihn glaubt, nicht verloren gehe, sondern ewiges Leben habe« (Joh. 3,16).

Damit ist Jesus Christus der einzige Weg zu Gott, die einzige Möglichkeit, mit Gott versöhnt zu werden. Er sagt von sich:

»Ich bin der Weg und die Wahrheit und das Leben. Niemand kommt zum Vater, als nur durch mich« (Joh. 14,6).

»Es ist in keinem anderen das Heil; denn auch kein anderer Name ist unter dem Himmel, der unter den Menschen gegeben ist, in welchem wir errettet werden müssen« (Apg. 4,12).

Glauben — was heißt das?

Das Opfer Jesu Christi wird aber nicht automatisch jedem Menschen angerechnet. Die Voraussetzung für die Vergebung der Sünden ist der persönliche Glaube an Jesus Christus.

Glaube ist nicht nur ein Für-wahr-halten von Tatsachen, sondern ein überzeugtes Gott-recht-geben und völliges Vertrauen auf Gottes Zusage.

Zuerst gebe ich Gott recht, indem ich bekenne,

- daß ich ein Sünder bin,
- daß ich als gerechten Lohn für meine Sünden die ewige Verdammnis verdient habe.

Glauben heißt danach aber auch, mich einzig auf den Herrn Jesus und Sein Werk zu stützen und die zugesprochene Vergebung der Sünden dankbar anzunehmen.

Christus, der nicht lügen kann, auf dessen Wort ich mich also absolut verlassen kann, sagt:

»Wer mein Wort hört und glaubt dem, der mich gesandt hat, hat ewiges Leben und kommt nicht ins Gericht, sondern er ist aus dem Tode in das Leben übergegangen« *(Joh. 5,24).*

»Wenn wir unsere Sünden bekennen, so ist er treu und gerecht, daß er uns die Sünden vergibt und uns reinigt von aller Ungerechtigkeit« (1. Joh. 1,9).

Praktisch sieht das so aus:

1. Im Gebet Gott meinen sündigen Zustand und meine Sünden bekennen.

2. Gott um Vergebung bitten.

3. Gottes Zusage der Vergebung durch das Opfer Jesu Christi im Glauben annehmen und Ihm für die für mich vollbrachte Erlösung danken.

4. Jesus Christus als Herrn meines Lebens anerkennen und Ihm die Führung meines Lebens anvertrauen.

In dem Augenblick, wo ich aufrichtig zu Gott umkehre, meine Schuld bekenne und im Vertrauen auf das Blut des Herrn Jesus Seine Vergebung annehme, bewirkt Gott in mir eine »neue Geburt« (Joh. 3,5).

Damit schenkt Gott mir unter anderem:

● Erlösung (Eph. 1,7; 1. Petr. 1,18-19)

● Vergebung (Eph. 1,7; 1. Joh. 1,9)

● Rechtfertigung (Römer 3,23-28; 5,1)

● Gotteskindschaft (Joh. 1,12; 1. Joh. 3,1)

● ewiges Leben (Joh. 3,14-16; 5,24; 6,40; 10,27-29)

Wie lebe ich als Christ?

Dieses von Gott geschenkte neue Leben muß nun genährt, gestärkt und gepflegt werden.

Kennzeichen eines gesunden Glaubenslebens:

1. Lesen und Studieren der Bibel

Die Bibel ist das verbindliche, inspirierte Wort Gottes. Sie ist der Maßstab und die Nahrung des neuen Lebens. Gott spricht durch dieses Buch zu uns und möchte uns mit dem Reichtum der ewigen Dinge und mit Seinen Gedanken und Absichten vertraut machen.

So wie unser Körper regelmäßig Speise benötigt, um wachsen und funktionieren zu können, braucht das geistliche Leben das Wort Gottes als Nahrung zu einem gesunden Wachstum (Matth.4,4; 1. Petr. 2,2; 2. Tim. 3,15-17).

2. Beten

Gott redet durch Sein Wort zu uns und wir dürfen im Gebet zu Ihm sprechen und unseren Dank, unsere Anbetung, Bitten und Anliegen ausdrücken. Gott hört und erhört Gebet. Wir können zu jeder Zeit und in jeder Situation beten, sollten aber auf jeden Fall den Tag im Gebet beginnen und beenden (1. Thess. 5,17; Eph. 6,18).

3. Gemeinschaft pflegen

Der Christ ist kein Einzelgänger sondern gehört zur Schar derer, die als Erlöste die Kirche oder Gemeinde Gottes bilden. Diese Gemeinde wird in der Bibel auch mit einem Leib verglichen, an welchem jeder von neuem Geborene ein Glied ist und eine bestimmte Aufgabe hat.

Die Gemeinschaft mit Christen, die Jesus Christus als ihren Retter und Herrn kennen und lieben und die Bibel ohne Einschränkung als alleinigen Maßstab für ihr Leben anerkennen, ist deshalb ein weiteres, wichtiges Element im Leben eines Christen (1. Kor. 12,12; Hebr. 10,25).

4. Den Herrn bekennen

Der Glaube soll in unseren Worten und Taten zum Ausdruck kommen. Christsein ist keine Privatsache. Gott möchte, daß wir uns eindeutig auf Seine Seite stellen und unseren Mitmenschen durch Wort und Tat ein Wegweiser zu Jesus Christus sind.

Dieser Welt, die unseren Herrn Jesus gekreuzigt hat, dürfen wir die Frohe Botschaft von der Liebe Gottes in Jesus Christus weitersagen (Matth. 10,32; Röm. 10,8-10).

»So sind wir nun Gesandte für Christum, als ob Gott durch uns ermahnte; wir bitten an Christi Statt: Laßt euch versöhnen mit Gott!« (2. Kor. 5,20).

»Seid aber jederzeit bereit zur Verantwortung gegen jeden, der Rechenschaft fordert, wegen der Hoffnung, die in euch ist« (1. Petr. 3,15).

R. Bennett

Auf der Suche

CLV-Taschenbuch
96 Seiten, DM/sfr. 2.80

Wir Menschen sind Suchende — im schlimmsten Fall ein
Leben lang. Ein Vakuum in uns drängt nach Erfüllung
und treibt uns auf die Suche. In der Sehnsucht nach Befriedigung suchen viele das Heil bei der breiten Palette von
Angeboten zwischen Konsumindustrie und östlicher Mystik — und stoßen immer wieder zurück auf die Leere in
sich. Richard Bennet, bekannter Bibellehrer, zeigt enga-
giert, daß Gott von Anbeginn an einen Erlösungsplan mit
dem Menschen verfolgt hat, und wie unser Suchen in
Wahrheit unsere existentielle Sehnsucht nach Gott ist.
»Dieses Buch wird sich als unschätzbare Hilfe erweisen
— sowohl für wirklich Suchende, um den Herrn zu finden, als auch für solche, die ihn bereits kennen.«

(Alan Redpath)

Werner Gitt

Fragen
die immer
wieder gestellt werden

CLV-Taschenbuch
160 Seiten, DM/sfr. 3.80

Wer sich mit dem christlichen Glauben zu beschäftigen beginnt, stößt auf zahlreiche Einzelfragen, die sich bei nahezu jedem Suchenden mit auffälliger Häufung wiederholen.

So war es naheliegend, die Antworten in möglichst knapper, aber hinreichender Form einmal zusammenzutragen. Allen in diesem Buch behandelten Fragen ist gemeinsam, daß sie wirklich erfragt wurden. So gibt das vorliegende Buch keinen von »Insidern« erwarteten Fragen-Querschnitt durch die Bibel wieder, sondern versucht, jene Probleme ernst zu nehmen, die Zweifler, Fragende und Suchende bewegen. Es handelt sich somit nicht um eine Sammlung spitzfindiger theologischer Fragestellungen oder einer theoretischen am »grünen Tisch« erstellten Liste, sondern um Grundfragen suchender Leute, die sich aus der Praxis der Vortragstätigkeiten des Verfassers ergeben haben. Gelegentlich wurden auch originelle Einzelfragen aufgegriffen.